ゼロからわかる悪魔事典

はじめに

悪魔といえば、黒い翼や角を持ち、人間に悪さを起こす恐ろしい化け物だというイメージを持つ人は多いだろう。このイメージは原点こそ不明だが、古くは中世ヨーロッパの教会の装飾彫刻や絵画作品などに描かれ、ルネサンス期に入ると魔術の手引書「魔導書」や、ミルトンの叙事詩『失楽園』などのキリスト教文学を通じて大衆に広まり、〝悪魔像〟は熟成されていった。そして現代、悪魔の恐ろしさを世に知らしめたホラー映画『エクソシスト』や、数多くの悪魔が敵キャラクターとして登場するゲーム『女神転生』のように、映画・漫画・ゲームなどあらゆるメディア作品に悪魔は取りあげられている。

ではそもそも、〝悪魔〟という存在はどのようにうまれたのだろうか。大きく分けて、ふたつのパターンがある。ひとつは神話の中の、神々の敵対者としての存在である。世界中の神話・宗教に登場し、神のライバル、または悪の具現化としてその名を残している者がしばしば悪魔と呼び表されている。

もうひとつは、ある宗教が別の宗教を否定するために、その宗教が信仰する神々を悪魔と蔑称したもの。これは特にユダヤ・キリスト教で顕著である。一神教において神はただひとりであり、異教の神はすべて、悪魔とみなされる。このため聖書世界には多くの悪魔が登場し、そのルーツをたどってみると、もとは異教の神であったというケースが多々ある。

本書では、おもにキリスト教における著名な悪魔から、近年、ゲームキャラクターのモチーフとして知られるようになった世界各地の悪魔まで取りあげている。まず1章では、本書を読む前に知っておきたい悪魔学の入門的知識をまとめた。2章ではキリスト教で禁忌とされる「七つの大罪」の悪魔たちをはじめ、聖書に登場する悪魔を紹介。3章では魔導書に描かれた悪魔や西洋の民間信仰でうまれた悪霊を、4章ではギリシャやインド、中東の神話に登場する悪魔を取りあげる。そして5章では、悪魔と取引を行い、人知を超えた能力を得た魔術師や錬金術師、悪魔の手先とされた魔女の一例を紹介する。

歴史上で絶対的なタブーとされてきた〝悪魔〟と〝魔術〟。そのディープな闇の世界へ、諸君を案内しよう。

かみゆ歴史編集部

ゼロからわかる悪魔事典　目次

ベルゼブブ 44
サタン 48
ベルフェゴール 52
サマエル 56
リリス 58
アザゼル 62

3章 ヨーロッパの悪魔

4章 神話世界の悪魔

5章 悪魔との契約者と魔術師

本書の見方

①名前をローマ字で記載

②別名の紹介

③紹介する悪魔・人物の情報をデータ的にまとめたもの【種族】・【役割】・【出典】・【宗教】の項目からいくつか掲載している。なお、5章については各人物の【国】・【生没年】・【役職】を掲載している

④関連する武器や人物、宗教、歴史的事象、用語などを説明

注意
各キャラクターは伝承や文献によって異なった逸話、設定が伝わっているものが多い。本書で取りあげているのはそのうちの一部である。各人物の名前はわかりやすさを重視し、一般的に通りがよいと考えられる名前を見出しに採用している

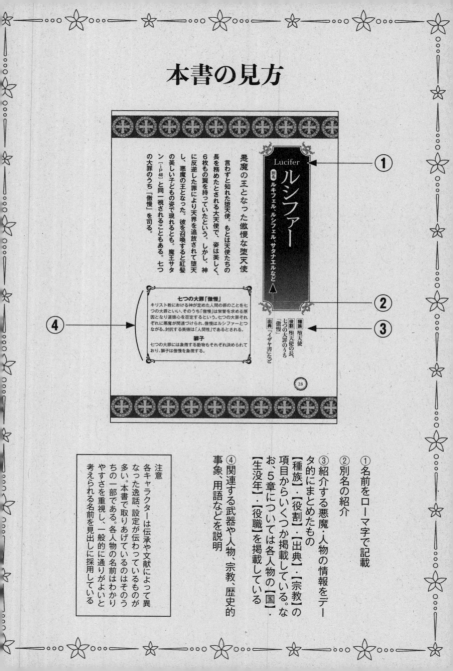

1章 悪魔入門

悪魔とは何か？

旧約聖書の翻訳中にうまれた「悪魔」の訳語

「悪魔」は英語だと「サタン（Satan）〔→P48〕」「デヴィル（Devil）」「デーモン（Demon）」と、複数の語がある。

「サタン」は日本では悪魔王の固有名詞として使われることも多いが、もとはヘブライ語で「敵対者」を意味する言葉であった。そのためユダヤ教の聖典である旧約聖書には、複数の「サタン」が登場する。そのユダヤ教をベースにキリスト教が起こると、キリスト教の聖典である新約聖書の中でサタン＝悪魔王と解釈され、イエス・キリストの最大の敵対者として人格化された。

「デヴィル」はギリシャ語で「偽証する・中傷する」という意味を持つ「ディアボロス」が語源だが、旧約聖書がギリシャ語訳された際に「サタン」の訳語として用いられたため、デヴィルはサタンと同義語となったのである。

また「デーモン」は、「霊的な存在」を指すギリシャ語の「ダイモーン」が由来だ。ダイモーンもネガティブな言葉ではなかったが、デヴィルと同様に旧約聖書が翻訳された際に「悪霊」という意味に変化したのだ。

こうして「サタン」「デヴィル」「デーモン」は神々の敵対者、または人間に危害を与える悪霊を指す言葉として、混同して使われるようになった。

なお、ギリシャ語「ディアボロス」の語源は、「輝く」を意味する印欧語の「div」であるという説がある。この「div」はサンスクリット語の神「デーヴァ(deva)」、ギリシャ語の神「ゼウス(zeus)」、ラテン語の神「デウス(deus)」の語源ともされる。つまりdivは、神と悪の両方の語源になってしまったのだ。

世界中の宗教や神話に登場する悪魔たち

悪魔と聞くとヨーロッパのイメージが強いが、聖なる神を引き立てる悪魔の存在は、世界各国の宗教で見られる。

古代ペルシャ人の宗教であるゾロアスター教。ゾロアスター教は厳格な善悪二元論をとり、主神も善である光の神アフラ・マズダと、それに対立する闇の神アンラ・マンユ［↓Ｐ１４６］と2柱存在する。

古い時代の多神教では、ひとりの神が善悪両方を兼ね備えることが多かった。ヒンドゥー教の豊穣の神シヴァが破壊神でもあるように、日本神話の暴れ神スサノオが大蛇を倒した英雄神でもあるように、かつての神は善も悪も内包した存在として崇められたのだ。

一神教により悪魔にされてしまった神々

先述のゾロアスター教の善神アフラ・マズダの「アフラ」は、もともとインドの古宗教であるバラモン教の悪役アスラ（Asura）［↓Ｐ１２８］が由来である。このアスラは、ヒンドゥー教（バラモン教を基盤に発展したインドの土着信仰）でも魔族扱いされていたが、他民族のペルシャでは善神アフラ・マズダになっているのだ。このように、ある民族の間では善良な神でも、異なる思想・宗教観を持つ他民族からは悪魔として扱われるパターンは非常に多い。

中でも一神教であるユダヤ教やキリスト教の世界で、このパターンが数多く見られる。これは、唯一神ヤハウェ（キリスト教においてはイエス・キリストが加わる）以外の神を否定する一神教の信者たちが、異教徒の神をことごとく悪魔と結びつけ、ヤハウェやキリストの敵対者としたからである。

例えばギリシャ神話に登場するパン神は、もとは豊穣を司る神であった。しかし好色な性格と男根のシンボルであったことがキリスト教徒の不快を買い、悪魔化。頭に角を生やし山羊の足を持つパンの姿は、悪魔のシンボルとされてしまったのである。魔王サタンが、頭に角を生やした姿で描かれるのは、そうした理由があるのだ。

また、キリスト教の世界では神の敵対者として「堕天使」がいる。堕天使は、神と人の間に立つ「天使」が欲望を抱き悪に転じ悪魔化した存在だ。この堕天使と悪魔はたびたび混同されるが、両者とも人間を堕落させるという使命は同じである。その結果、キリスト教とその聖典である旧約・新約聖書には数多くの悪魔が登場するようになった。

こうして、一神教の広がりとともに多くの神や精霊が悪魔や堕天使としてうまれかわり、人々を恐れさせる存在となったのである。

悪魔学の手引書「グリモワール」

ルネサンス期に流行した悪魔と魔術

キリスト教においてタブーとされた悪魔と魔術。しかし、これらが喝采を浴びる時代があった。キリスト教を離れ古代ギリシャ・ローマなどの古典復興を目指したルネサンス時代である。魔術に憧れた神秘主義者たちによって魔術研究が活発化。さらに活版印刷の技術が広まったことで、魔術の手引書が広く流通。これらは総じて「魔導書（グリモワール）」と呼ばれる。

かつて多くの悪魔を使役したというソロモン王［↓P158］の魔導書『レメゲトン』には、ソロモン王が使役したとされる72柱の悪魔を召喚する方法が書かれた。これらの魔導書により、現代にまで古代の悪魔の名が残ることとなったのである。

おもな魔導書

名前	説明
『ソロモンの鍵』	最も重要な魔導書。著者はソロモン王とされ、『ソロモンの大いなる鍵』『ソロモンの鎖骨』とも呼ばれる。ほかの大半の魔導書の典拠。神から智恵と見識を授けられたソロモン王は、さまざまな霊を召喚し、悪霊の軍団を動かし、偉大な業績を築いた。危険書物としてたびたび禁書になったが、17世紀には広く普及した
『レメゲトン』	ソロモン王の著作とされ『ソロモンの小さな鍵』ともいわれる。原典は失われ、最古の模本がフランス語で書かれている。72柱の最上級の堕天使の、名前・称号・地位・能力・身体的な特徴などを列挙。この72柱の悪霊には、科学と芸術を教える技術があるだけでなく、恐ろしい病気や災害をもたらす能力がある
『ソロモンの誓約』	1~3世紀にギリシャ語で書かれた偽典。ソロモン王が悪霊を指揮し、エルサレムの神殿を建てた話が記されている。すべてに大きな影響を与えるとし、悪魔学・天使学・薬の知識・占星術・魔術について、ふんだんに描かれている
『大魔導書』	『大いなる教書』とも。17~18世紀に記されたと考えられている。原題は『大いなる教書、ソロモンの強い鎖骨と黒魔術を含む。あるいはすべての秘宝を発見し、ありとあらゆる霊を服従させるとともに、どんな魔術の技能も剥奪できる大アグリッパ[→P170]の恐るべき道具』。黒魔術の教科書とされ、降霊術も記されている
『第四の書』	オカルト研究者のアグリッパの大著『オカルト哲学』全3巻を要約したもので、彼の死後、無名の著者によって非公式に改作された。別名『精霊の書』とも呼ばれている。しかしアグリッパの弟子たちを含め、ほかのオカルト研究者は本書を偽作としている
『ホノリウスの教書』	別名『ホノリウスの規則』という。16世紀に書かれたとされ、17世紀に広く普及した。著者は悪魔祓いの儀式で知られるローマ教皇ホノリウス3世と伝わる。キリスト教の重要な要素を紹介する唯一の魔導書で、最も邪悪な黒魔術の教書とも評価されている
『アルバテル』	ラテン語で書かれた薄い教書。1575年にスイスで出版され、1686年にドイツ語訳された。イタリア人によって書かれたと思われ、錬金術師パラケルスス[→P182]の影響がみられる。キリスト教の要素が強く、超黒魔術を表しているとも考えられている
『悪魔の偽王国』	魔導書というより、悪霊と悪魔学の教科書というべき本。1583年頃にヨーハン・ヴァイヤーによって書かれた。『レメゲトン』に記された72柱の悪魔のうち、68柱を列挙している

※順番は『レメゲトン』の記載順に従っている
※『レメゲトン』には「王」「侯爵」「公爵」「伯爵」「総裁」など、各悪魔の地位が記されている

	名前	特徴
37	フェニックス	不死鳥の姿で現れる。科学に通じ、見事な詩を披露する
38	ハルパス	コウノトリの姿をしている。戦争を起こし剣で罰を与える
39	マルファス	敵の神殿や塔を倒し、敵の欲望や思考、業績を破壊する
40	ラウム	烏の姿で現れる。財宝を盗み、都市や人間の尊厳を破壊する
41	フォカロル	怪物グリフィンの翼を持つ人の姿。風と海を操り、人を溺死させる
42	ヴェパル	人魚の姿で現れ、嵐を起こすなど、海に関わる
43	サブナック	ライオンの頭を持つ勇猛な戦士の姿。軍事力と築城術の知識を持つ
44	シャックス	コウノトリの姿を持つ。視力や聴覚や理解力を奪う。嘘つき
45	ヴィネ	隠された物を見つけ、魔女を選別し、現在・過去・未来がわかる
46	ビフロンス	天文学・占星術・幾何学などに精通している。死体を墓から移す
47	ヴァル	巨大なラクダの姿から人の姿に変わり、下手なエジプト語を話す
48	ハゲンティ	翼を持つ牝牛の姿。ワインを水に変え、金属を黄金に変える
49	プロケル	天使の姿で現れ、科学や数学を教える。温泉を調節する
50	フレアス	残忍な男の姿で現れる。哲学・天文学・手相占いなどに通じる
51	バラム	恐ろしく強力な王で、牡牛・人間・牡羊の頭を持つ
52	アロケス	馬にまたがる戦士の姿で現れる。天文学と専門教養を教える
53	カイム	ツグミの姿で現れ、鳥の言葉を解する。燃える灰の中から答える
54	ムルムル	哲学を教え、死者の魂を呼び出して質問に答える

	名前	特徴
55	オロバス [→P91]	馬の姿で現れる。過去・現在・未来・神学に正確に答える
56	ゲモリー	ラクダに乗った美女の姿で現れる。女性の愛を得る
57	オセー	人間を変身させることができるが、変身している本人は気づかない
58	アミィ	全身が炎に包まれている。専門教養と占星術の完璧な知識を持つ
59	オリアス	惑星や星の効能を説き、人を変身させる力を持つ
60	ヴァプラ	グリフィンの翼を持つライオンの姿で現れる。工芸・哲学に通じる
61	ザガン	ワインを水に、金属を貨幣に変える。愚か者を賢人にできる
62	ヴァラク	双頭のドラゴンに乗った天使の羽を持つ少年の姿で現れる
63	アンドラス	天使の体と鴉の頭部を持つ。不和をもたらし、徹底して破壊的
64	フラウロ	豹の姿で現れる。魔術師の敵をすべて炎で滅ぼす
65	アンドレアルフス	孔雀の姿で現れる。代数と幾何を授ける。人間を鳥に変える
66	キメリエス	黒馬に乗った兵士の姿で現れる。アフリカの精霊も支配する
67	アムドゥスキアス	一角獣の姿で現れる。甘い音楽を奏で、人間に木を倒す力を与える
68	ベリアル [→P92]	最も重要で邪悪な悪霊。特に性的倒錯に関する悪と罪をうみ出す
69	デカラビア	五芒星の中に星の姿で現れる。魔法の鳥を飛ばし、使い魔とする
70	セーレ	翼のある馬にまたがる美男子。瞬時に事を起こし一瞬で移動する
71	ダンタリオン	無数の男女の顔を持ち、人の心を読み、芸術や科学を教えてくれる
72	アンドロマリウス	不正な行いや内密な取引を見つけ出し、隠された財宝を晒す

ソロモン72柱の一覧

ソロモン72柱とは、魔導書『レメゲトン』に記されたソロモン王に召喚された悪魔だ。ここでは多くの文物に影響を与えた72柱の悪魔を一覧で紹介する。

	名前	特徴
1	バアル [→P82]	ソロモン72柱の筆頭。カナンの神が転じたもの。東方を支配する
2	アガレス	最初の公爵として東方を支配。あらゆる言語を話し地震を起こす
3	ウァッサゴ	現在・過去・未来を見通し、なくした物を探し出す。温厚
4	ガミジン	小さな馬かロバの姿で現れる。海で溺れた人の魂を召喚できる
5	マルバス	病を起こしたり治したり、機械技術の知恵を授ける
6	ヴァレフォル	ライオンの姿で現れる。人に盗みを働かせ、絞首台に送る
7	アモン [→P32]	男女を互いに恋に落ちるよう仕向け、論争を解決する
8	バルバトス	すべての生き物の言語を理解する。科学を教え過去や未来にも精通
9	パイモン	北西の方角を守護している。召還者の思い通りに人を従わせる
10	ブエル	地獄の総裁。あらゆる心身の不調を癒やす
11	グシオン	あらゆる問いに答え、地位と名誉を与え、敵対する者を和解させる
12	シトリー	男女を燃えあがらせて恋に落とし、服を脱がせるよう仕向ける
13	ベレト	青白い馬に乗る。強大なので丁重に扱わなければならない
14	レラユー	狩人の姿で現れ、大きな戦を引き起こし、弓矢による傷を化膿させる
15	エリゴール	槍・旗・笏を持つ騎士の姿で現れる。軍団を組織し戦争を起こす
16	ゼパル	女性をどんな男性にも恋させるようにする。女性を不妊にする
17	ボティス	現在・過去・未来を見通し、友人同士、敵同士を和解させる
18	バティン	薬草や貴石の科学的知識があり、人を国から国へ瞬時に移動させる

	名前	特徴
19	サレオス	勇猛な戦士の姿で、クロコダイルにまたがる。男女の愛を鼓舞する
20	プルソン	財宝を隠したり与えたり、人間や神に関する真実の答えを与える
21	モラクス	薬草や貴石の効能を知っている。よい使い魔を与えてくれる
22	イポス	過去と未来を知り、知恵と勇気を授け、人を才気煥発にする
23	アイム	破壊と火を蔓延させ、悪知恵を伝授し、真実の答えを授ける
24	ナベリウス [→P86]	芸術・科学・修辞学に通じ、失われた権威や名誉を回復する
25	グラシャ・ラボラス	あらゆる殺戮の首謀者。殺人を行い、人を流血の惨事に駆り立てる
26	ブネ	会話の能力、知恵の獲得、死の呪文を支配する
27	ロノウェ	怪物の姿で現れる。さまざまな言語に関する知識に秀でている
28	ベリト	すべての卑金属を金に変える力を持つと考えられていた
29	アスタロト [→P96]	究極の悪の3人の悪霊のひとり。強烈な悪臭を放ち、憑依を扇動する
30	フォルネウス	海の怪物の姿で現れる。修辞学・芸術・語学を教える
31	フォラス	論理学・ハーブ・貴石の効能を伝授し、知恵や長寿を与える
32	アスモデウス [→P36]	7つの大罪の3番目、肉欲の悪霊。嫉妬・怒り・復讐の悪霊
33	ガープ [→P90]	愛と憎しみを呼び覚まし、人の感覚を麻痺させる。未来を予言する
34	フルフル	夫婦に愛情をもたらし、秘密や神聖なことに正しい答えを出す
35	マルコシアス	グリフィンの翼と蛇の尻尾を持つ雌狼の姿。闘争を助ける
36	ストラス	鴉の姿で現れる。薬草や石の効能、占星術の知識を持つ

さまざまな魔術と悪魔との契約

時代とともに進化してきた魔術の歴史

雨乞いの儀式や呪いの人形といった呪術は有史以前から存在し、魔術はそれらを起源として宗教や思想の影響を受けつつ世界各地で発展してきた。魔術の目的は人々の願望成就や自然現象の理解とその操作など。そのアプローチ方法は〝敬虔《けいけん》な信仰〟から化学研究を志向するものまで多種多彩である。

古代には、メソポタミア発祥とする星占いや、エジプト発祥とされる錬金術が興り、それらはギリシャ・ローマ時代に哲学の影響を受けた。例えば哲学者アリストテレスによる4大元素は錬金術の物質研究のベースとなり、天文学者プトレマイオスの天動説は星占いにも応用された。数学者ピタゴラスは数秘術を発明し、魔術師ヘルメス［→P174］は神から流出した霊が宇宙をつくったという観念をうみ出した。ところが、3世紀頃にキリスト教が普及すると魔術は異教のものとして否定され、西洋魔術は一時衰退した。

一方東洋の魔術的なものとしては、古代中国で万物を形づくる〝気〟の概念がうまれ、陰陽五行説や気功などへ展開した。日本では陰陽道や風水が現在でも親しまれている。インドでは瞑想を重視するヒンドゥー教の修行の手段としてヨーガがうまれ、その伝播ぶりは現代日本でも実感できるところである。

キリスト教と悪しき魔術の戦い

西洋で一度は衰退した魔術が復興したのは11世紀。アラビア世界で〝黄金変成を可能にする物質〟を研究する錬金術が成熟し、それが十字軍遠征をきっかけに西洋に入り、不老不死をも実現する「賢者の石」研究へと変貌。さまざまな錬金術師が登場し、研究が盛んになったのだ。ユダヤの神秘思想カバラも注目された。カバラでは人間も天界へのはしご（生命の木）をのぼり神に近づくのが究極の目標。一説にはタロットカードは生命の木に対応してつくられたという。ユダヤの数秘術ゲマトリアは旧約聖書に隠された秘密を読み解くべく文字を数字に置き換える。まるで現代の暗号の先祖ともいえる。

こうした魔術にはキリスト教以前の思想も根深く残るので教会は一貫して批判した。しかし、キリストの起こす奇跡も十分に魔術的であり、祓魔師《エクソシスト》も教会の公職である。魔術を完全に否定できない教会は、善の目的の魔術を自然（白）魔術とし、黒魔術は悪魔と契約し悪しき目的で使うものであると区別した。こうして魔術は「悪魔と契約して使うもの」へとイメージが転換される。悪魔との契約という概念は6世紀のテオフィルス［→P164］の頃から広がったとされる。時代が進むにつれて、悪魔との契約は血で署名を書き、契約年数（多くは20年）が終了すると自らの魂を渡さねばならないなど具体化されていった。17世紀、『レメゲトン』に代表される魔導書が印刷技術の発展とともに大量に登場すると魔術は大衆化。悪魔だけでなく精霊や天使をも操る術が記されたことで召喚魔術が興隆した。

近代に入ると科学の進歩で魔術はオカルト的な存在になっていった。神秘を愛する人々は秘密結社化し、フリーメーソンや黄金の夜明け団などが結成された。磁気の力など科学をも取り込んだ総合的な魔術体系を編み出した。

ヨーロッパの魔術の構成要素とその歴史

中世西洋魔術 → **ルネサンス以降の魔術**

中世西洋魔術（影響）

ユダヤ魔術
ソロモン王の召喚魔術や神秘思想カバラが導入され、大いに発展

キリスト教魔術
悪魔祓いや病気治しを行う

北欧魔術
ゲルマン人の古代文字「ルーン文字」が、キリスト教の拡大で使われなくなったことにより、文字そのものに魔力を秘めているとされた

ケルト魔術
ケルト人独特の魔術。ドルイド（司祭）は神秘の力を持ったという

アラビア魔術
星や惑星に宿る霊のパワーを利用した天界魔術の本『ピカトリクス』が西洋魔術に大きな影響を与えた

古代ギリシャ・ローマ魔術
ヘルメス主義の宇宙観や、メソポタミアの占星術などが加わり、死霊術、占星術、錬金術が発展

↓

中世キリスト教会は
「魔術を行うもの＝悪魔との契約者」とし、
キリスト教魔術以外を否認

➡魔女狩りに発展

ルネサンス以降の魔術（影響）

『ヘルメス文書』
魔術師ヘルメスが提唱したというヘルメス主義や、哲学者プラトンの思想を発展させた新プラトン主義のラテン語訳本

カバラ
ユダヤ教の神秘思想。奥義「生命の木」を用いて神の側へ到達しようとする

魔導書の流行
『ヘルメス文書』などの影響で魔術師が増大。召喚魔術を行うための魔導書も大量印刷された

↓

魔術の中でも神的な能力を
得ようとする高等魔術が広まる
㊷錬金術による医療技術など

➡17世紀以降、これらをもとに魔術結社がつくられる
㊷薔薇十字団
フリーメーソン
黄金の夜明け団

魔女と魔女狩り

キリスト教がつくりあげた魔女観

古代、世界各地にあった神話や民間信仰において、特別な能力を持つ女性たちは「魔女」と呼ばれた。古い例では、魔術で人間を動物に変化させるキルケー〔↓P118〕や、魔術で死人を復活させたメディア〔↓P120〕のような恐ろしい魔女が、ギリシャ神話に登場する。時代が下ると、薬草による医療や占いを行う民間呪術師が恐ろしくも尊敬に値する魔女のイメージとなった。

しかし、キリスト教の拡大とともに、魔女のイメージはネガティブなものへと変化していった。これは一神教であるキリスト教の信者たちが、ほかの宗教の神を敵とみなし悪魔化したのと同じで、キリスト教では呪術が異教的な有害なものであるとされ、術を使いこなす魔女たちは悪魔の手先とみなされたのだ。

こうして、民間信仰で行われていた〝集会〟や、「ユダヤ教徒がキリスト教徒の子どもを殺し、血をすする」という噂など、さまざまな小集団への反感も盛り込まれて、中世後期には次のような魔女のイメージが完成する。

「魔女になるには、十字架を踏みつけ、血で誓約書にサインして魔王と契約し、爪痕などの〝魔王の印〟を体に刻む。「サバト」では魔王の尻に口づけるなどの崇拝行為、幼児を生贄にする残虐行為、乱交が行われる。魔王の力で空を飛び、動物にも変身できるので、その力で魔女はまた夜な夜なサバトへ赴く。」

なお、サバトとは魔女の夜宴のこと。サバトの語源は、諸説あるがユダヤの安息日を意味し、ユダヤ教の教会「シナゴーグ」がサバト同様の意味で使われた。1340年代にはペストによる社会不安で、ユダヤ教徒が井戸に毒物を混ぜたと噂がたって迫害された。このユダヤ教徒の迫害が、やがて魔女のサバトへの不信感につながり、魔女の迫害＝魔女狩りに発展していくのである。

魔女狩りのはじまりと手引書『魔女の槌』

15～19世紀の間、魔女裁判で処刑される人々が激増する「魔女狩り」が起きた。正確な統計数は定かではないが、約4〜6万人が処刑されたという。

魔女狩りというと中世ヨーロッパで流行したと思っている人が多いが、はじめての大規模な魔女狩りは中世末期の1430年代、アルプス北西地域で起きたとされる。その地は当時注目された異端集団ワルドー派の潜伏地で、最初期の魔女狩りはキリスト教の転覆を企てる可能性のある組織の弾圧が目的だった。また、1468年には異端審問官であった神学教授ハインリヒ・クラマーらが書物『魔女の槌《つち》』を発行。本書は魔女と魔王の契約、魔女裁判のやり方などを執拗に書き連ね、以降の魔女狩りの手引書となった。しかし発行当初は懐疑的な意見も多く、魔女狩りの拡大にはいたらず、むしろルネサンス期の魔導書ブームなどで魔術に対する肯定的な意見が増加、魔女狩りは衰退していった。

集団ヒステリー化した魔女狩りの謎

しかし近世、魔女狩りが再びヨーロッパ各地で増加。それ以前は教会に委託されていた魔女狩りが、司法権を持つ裁判所によって主導されるようになった。魔女の摘発を行う魔女裁判の時には、魔女である証拠にサバトへ参加したことを自白させられ、詳細なサバト描写も求められた。自白を引き出すための拷問も許可され、魔王の印に刺して痛がるかどうかを確かめる「魔女刺し器」なる刃物まであった。拘束した状態で水に投げ、浮かべば魔女、沈めば潔白。このような魔女への迫害は1645年イギリスのホプキンス［➡P204］の事件や、アメリカでアビゲイル・ウィリアムズ［➡P202］らが起こしたセイラム魔女裁判など欧米各地で繰り広げられた。

この魔女狩りの背景には異端や民衆文化の弾圧、宗教改革に伴う新旧宗派の対立、戦争による社会不安、中央集権化を図るための司法の強権化など、複数の要因があった。だが、トリガーとなったものが何なのかは諸説あり、未だ決着していない。魔女狩りは民衆が自ら続々と魔女を告発し、無実でも審問官に有罪と決めつけられたら有罪にされ、噂ひとつで人々が拷問にかけられ、死刑になるという惨劇だった。この集団心理は解明されておらず、こんな狂気の沙汰を起こす人間社会とは何なのかを考えさせるのである。

魔女狩りは科学が進歩した17世紀後半にはほぼ廃れたが、現代でも特定の者に対する苛烈な批難やつるしあげを意味する言葉として残っている。

ミルトンの叙事詩『失楽園』より、ギュスターブ・ドレが描いた
堕天使ルシファー

2章 七つの大罪と聖書の悪魔

Lucifer

ルシファー

別名 ルキフェル、ルシフェル、サタナエルなど

種族 堕天使

役割 堕天使の長、七つの大罪のうち「傲慢」

出典 『イザヤ書』など

悪魔の王となった傲慢な堕天使

言わずと知れた堕天使。もとは天使たちの長を務めたとされる大天使で、姿は美しく、6枚もの翼を持っていたという。しかし、神に反逆した罪により天界を追放されて堕天し、悪魔の王となった。彼を召喚すると紅髪の美しい子どもの姿で現れるとも。魔王サタン[→P48]と同一視されることもある。七つの大罪のうち「傲慢」を司る。

七つの大罪「傲慢」

キリスト教における神が定めた人間の罪のことを七つの大罪といい、そのうち「傲慢」は栄誉を求める原因となり道徳心を否定するという。七つの大罪それぞれに悪魔が関連づけられ、傲慢はルシファーとつながる。対抗する美徳は「人間性」であるとされる。

獅子

七つの大罪には象徴する動物もそれぞれ決められており、獅子は傲慢を象徴する。

「天から落ちた」明けの明星ルシファー

ルシファーは、かつては大天使として神に仕えた身でありながら、堕天し悪魔の王となった存在として、日本でもよく知られている。しかし、その高い知名度とは裏腹に、もともとルシファーは堕天使とされていなかった。

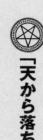

ルシファーについて記載がある資料のうち外せないのが、旧約聖書『イザヤ書』の「明けの明星が天から落ちた」という部分。ルシファーの名は、もとはヘブライ語で「明けの明星」という意味であった。つまり、聖書にはルシファー＝堕天使とはっきりとは書かれておらず、聖書がラテン語に訳されたあとも、ルシファーは「輝きをもたらす者」などよい意味にされていた。

しかし、2世紀にギリシャの教父オリゲネスが「天から落ちた」というフレーズを「堕天した」と解釈し、ルシファーを魔王サタンと同一視。さらに、神学者聖ヒエロニムスらが、堕天する前をルシファー、堕天後をサタンと呼び分けると、ほかの神学者たちもその説を支持し、ルシファーは魔王の名として浸透した。ルネサンス期に入ると、「かつては美しい姿の天使だったルシファーが、魔王と化し醜悪な顔になった」と記す詩人ダンテの『神曲』や詩人ミルトンの代表作『失楽園』などでそのイメージが拡散。以降の創作物でもルシファーとサタンは強く結びつけられるようになった。

大天使は神になろうとした？

ルシファーの堕天については文献の多くが神への謀反と高慢の罪により、配下の天使とともに天界を追われたとしている。中でも、スラヴ語の黙示録とも呼ばれる『第二エノク書』では、ルシファー（この文献ではルシファーは「サタナエル」と記述されている）は雲よりも高いところに玉座を置いて神と対等の力を持とうとしたため天界を追放されて地獄をさまようことになったと記す。また、ルシファーにつき従い、ともに堕天した天使たちは、悪霊や悪魔になってしまったのだという。

光と闇の両面から長きにわたって創作のモチーフにされてきたルシファーは、現代日本においてもさまざまな姿、立場として描かれ、時には強大な力を持つラスボス役、またある時には闇の力で主人公を支える味方役を務める。

Mammon

マモン

別名 マンモン、アモン、アマイモンなど

種族 悪魔
役割 地獄の大使、七つの大罪のうち「強欲」
出典 『マタイによる福音書』『使徒戒規』など

強欲な悪魔へと転じた富の象徴

七つの大罪の「強欲」を象徴する。マモンの名はシリア語で「富」を意味していたが、キリスト教によって富の悪霊とされた。古代イスラエルのソロモン王［→P158］が使役する悪魔アモンと同一視され、鳥の頭を持つ姿で描かれることが多い。「アマイモン」の別名を持つともいう解釈もあり、叙事詩『失楽園』では最も高潔と遠いものと記された。

七つの大罪「強欲」
七つの大罪のうち「強欲」は詐欺や窃盗の原因であり、何を得ても満たされない欲望のことをいう。強欲はマモンに象徴され、「充足」により対抗する。

オオカミ
オオカミは強欲を象徴する。また、マモンと同一視されるアモンは召喚するとオオカミの姿で現れるとされ、プランシー［→P172］の『地獄の辞典』によると、人型をとる時は胴だけが人間になるという。

Mammon
Avaritia

富の悪い面が擬人化されて悪魔に

マモンとは、シリア語で「富」や「裕福」という意味だ。この「マモン」が悪魔の名前となったのは、新約聖書『マタイによる福音書』に記された「汝ら神とマモン（富）とに兼ね仕うることあたわず」というフレーズを、神学者たちが悪魔の名が書かれていると解釈したことがきっかけとされる。このマモンが魔導書で金銭や金銭愛の悪魔として扱われ、果ては七つの大罪のうち「強欲」を象徴する悪魔として根づいていくのである。

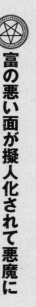

マモンには、同一視されるアモン、別名とされるアマイモン（マイモンとも）という悪魔がおり、これらはたびたび混同されている。アモンは過去と未来を言い当てるといい、フクロウともワタリガラスともいわれる巨大な鳥の頭を持つ。特にプランシーの『地獄の辞典』に描かれた、フクロウの頭、狼の胴と前足、蛇の尾、犬歯の覗くくちばしを持った姿は広く浸透している。

アマイモンは地獄の四方を固める悪魔のうち東方を守るという悪魔。『地獄の辞典』では、七つの大罪のうち「肉欲」を象徴するアスモデウス［→P36］を、アマイモンの副将であると記している。

マモンとアモン、アマイモンは、エジプトの太陽神アメンと関連するという。名前の音が似ていることのほか、アメンがしばしばガチョウの姿で表わされることも理由として挙げられる。ゲーム『モンスターストライク』に登場するマモンは、頭部が鳥のような形をしている。これはマモンがアメンに由来するという説を参考にしているのかもしれない。

さらにルシファー〔→P28〕、サタン〔→P48〕、ベルゼブブ〔→P44〕など、多くの悪魔と同一視する異説もある。

最強の悪魔らしかぬお人好しな一面も

魔導書『レメゲトン』によると、マモンと同一視されているアモンはソロモン王に召喚された72柱の悪魔のうち7番目に位置し、40もの悪霊の軍団を指揮するという、強靭な悪魔だ。しかし、男女を互いに恋に落ちるよう仕向けたり、気が向いた時には仲違いした友人との仲介役や敵との論争を解決に導く交渉役を買って出たりと、悪魔らしかぬ親切な一面も持ち合わせている。

Asmodeus

アスモデウス

別名 アスモダイ、アエシュマ、アスモディウスなど

種族 堕天使、悪魔

役割 七つの大罪のうち「肉欲」

出典 『トビト記』など

夫婦の仲を裂く肉欲の悪魔

七つの大罪のうち「肉欲」を象徴するほか、怒りや嫉妬、復讐の悪霊とされている。ドラゴンに乗っており、牡牛の頭・人間の頭・牡羊のような頭の、3つの頭を持つ。おもに新婚の夫婦に害を与える存在とされており、夫婦の関係を疎遠にさせ、仲を引き裂いてしまうと考えられている。もとはゾロアスター教の大天使アエシュマと考えられている。

七つの大罪「肉欲」

七つの大罪の「肉欲」「色欲」はアスモデウスに象徴される。不貞や裏切りにつながる、最初の肉体的な大罪である。対抗する美徳は「純潔」。

ヤギ

ヤギは肉欲を象徴するといい、ほかにもロバやサソリなども肉欲と関連づけられる。

歴史的事件を引き起こした邪悪な存在

アスモデウスは夫婦の性行を妨げ新婚を台なしにするといい、地獄にいる悪霊たちの中でも特に邪悪な存在とされている。淫らな生き物とされる人食い鬼、牡羊、牡牛の3種の頭と、まがまがしい翼と蛇の尾を持ち、ドラゴンに乗って火を噴いて現れる。軍旗と槍を手に持つともいわれる。

もとは古代ペルシャの大天使アエシュマとされ、ユダヤ教に取り入れられたあと堕天使になったという。また、ユダヤの伝承にある女性の悪霊リリス【↓P58】とは夫婦関係もしくは親子関係であるとする説もある。

アスモデウスは1630年にフランスで発生した「ルーダンの悪魔憑き」という事件に関連している。この事件は、ルーダンの修道院で暮らす17名の修道女たちが突然正気を失い、人格が変わったように汚い言葉を叫びながら暴れ出したというもの。調査した結果、神父が悪魔と契約したことが原因であると断定された。この時、修道女に取り憑いていたのがアスモデウスで、エクソシズム（悪魔祓い）によって彼女の体から祓われたという。

アモデウスは魚の内臓とラファエルが苦手

キリスト教の教派カトリックで旧約聖書の続編に含まれる『トビト記』によると、アスモデウスはサラという美しい娘に取り憑き、彼女が結婚しようとするたびに相手を殺した。そんなことが7人連続で起こったため、サラは8人目の求婚者トビアとともに神に助けを求めた。神はサラの願いを聞き入れ、大天使ラファエルを派遣。ラファエルはトビアに、アスモデウスを追い払う方法を伝授した。サラとトビアが結婚することになると、これまでと同様にアスモデウスが現れてトビアを殺そうとする。トビアはラファエルに教わったとおり、部屋に魚の内臓の匂いを充満させた。たまらずアスモデウスは逃げ出すが、エジプトでラファエルに捕らえられたという。

凶悪なイメージが先行するアスモデウスは、多くの作品で強キャラクターやボスクラスの敵として登場する。そんな中で異彩を放つのがウルフ・スタルクの絵本『地獄の悪魔アスモデウス』である。本作のアスモデウスは失敗を繰り返す子どもで、肉欲の悪魔をかわいく描いた異色のストーリーだ。

レヴィアタン

Leviathan

別名 レヴィヤタン、リヴァイアサンなど

種族 悪魔、怪物
役割 七つの大罪のうち「嫉妬」
出典 『ヨブ記』『イザヤ書』『詩篇』など

神を持て余させた嫉妬の水獣

七つの大罪のうち「嫉妬」に結びつく存在。ヘブライの伝承では、海に潜むモンスターと考えられている。神がつくり出した最強の生き物とされ、巨体をうねらせ、大波を巻き起こしながら海を泳ぎ、口からは炎を吐く。体を覆う鱗はとてつもなく硬く、武器で突いてもくすぐる程度にしかならず、ほぼ不死身だという。クロコダイルや鯨とする説も。

七つの大罪「嫉妬」
必要以上に欲しがる心や、人よりもよいものを強く求める所有欲のこと。特に金や物を欲しがると誘惑に負けて悪魔にそそのかされやすくなる。象徴する悪魔はレヴィアタン、対抗する徳は「博愛」。

犬
犬は嫉妬の象徴。同じく蛇も嫉妬と結びつけられ、世界中の神話・伝説に登場する。

凶悪すぎて救世主の食料にされる？

レヴィアタンは水に関連する巨大なモンスターであるとされているが、その見た目については神学や悪魔学を研究する学者たちの間で意見が分かれている。鯨のようなもの、ワニの姿に近いなど諸説あるが、近年は海竜もしくは海蛇のような姿で描かれることが多い。

レヴィアタンは天地創造の5日目に、神がベヒモス［↓P66］と同時につくった生き物であり、世界が終末を迎えた際には、ベヒモスとともに救世主《メシア》の食料にされることとなっている。フランスの文筆家プランシー［↓P172］の『地獄の辞典』によると、もともとはつがいとして存在していたが、あまりにも凶暴な生き物であったため、繁殖しないように雌は殺され、救世主の食事となるべく塩漬けされている。繁殖を封じられたレヴィアタンは、その代償として不死を手に入れたという。また、雌が蛇の魔女リリス［↓P58］とする説もある。

大航海時代には船乗りが恐れる悪魔に

神がつくった生き物であるレヴィアタンが悪魔として認識されるようになるのは、中世頃からである。ミルトンの叙事詩『失楽園』では、海の中で自らの巨体を陸地のように見せかけて船旅をしている人々を騙し、接近してきたところを海に引き込む魔王であると記されている。17世紀頃は大航海時代といわれ船旅が盛んであり、船旅をする人々はレヴィアタンを海に渦をつくり出して船を沈める存在として、作中のみならず恐れた。また、レヴィアタンを回避する方法として桶を投げ入れればよいと信じられていた。

レヴィアタンは別名でリヴァイアサンとも呼ばれるが、この名はゲーム『ファイナルファンタジー』シリーズでおなじみである。シリーズの多くの作品で、味方として呼び出せる召喚獣として登場し、ダイナミックな演出とともに敵を攻撃してくれるが、初出となる『ファイナルファンタジー2』では、怪物リバイアサンとして登場。船で移動していた主人公たちを飲み込むと、ダンジョンとして探索されるのである。この登場の仕方は、旧約聖書『ヨナ書』においてて、生け贄として海に落とされたヨナがレヴィアタンに飲まれ、その体内に3日間閉じ込められた描写を彷彿《ほうふつ》とさせる。

Beelzebub

ベルゼブブ

別名 ベルゼブル、ベルゼバブ、ベールゼブブなど

種族 悪魔
役割 七つの大罪のうち「大食」
出典 『列王記』『マタイによる福音書』など

悪霊を支配する「蝿の王」

本来は「気高き王」という意味のバアル・ゼブブという名であったが、ユダヤ教徒が「蝿の王」という意味のベルゼブブという名で呼ぶようになり定着。その名のとおり本来は巨大な蝿の姿で描かれることが多く、七つの大罪の「大食」を司る。魔王であるサタン［→P48］と同等、またはそれ以上の力を持つとされ、悪霊たちの支配者とも呼ばれる。

七つの大罪「大食」

「暴食」とも。ベルゼブブが象徴する七つの大罪であり、どれだけ飲み食いしても満たされず、必要以上に食べることを指す。大食の者が地獄に行くと、強引にヒキガエルを食べさせられ、濁った水を飲まされるという。断食と祈りで救済し、徳「節制」で対抗する。

豚

そのイメージからか豚は大食を象徴するとされる。

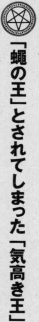

「蝿の王」とされてしまった「気高き王」

「気高き王」「神の居場所の王」という崇高な意味を持つバアル・ゼブルの名が「蝿の王」ベルゼブブに貶められたのは、単になまったからというだけではなく、信仰の都合が絡む。バアル・ゼブルはもともとイスラエルで信仰されていた神。しかし、この地にあとからやってきたヘブライ人たちがバアル・ゼブル信仰を嫌い、蝿の王ベルゼブブと言い換えて悪魔として扱うようになった。その姿は巨大な蝿で描かれるが、角とこうもりの羽、あひるの足、獅子の尾を持つ人のような姿で描かれることもある。多くの悪魔が登場するゲーム『真・女神転生』シリーズにも、ベルゼブブは蝿と人両方の姿で登場している。

ベルゼブブは時折、現世で人に取り憑くと考えられている。いくつか事例があげられているが、著名なのは1900年代アメリカでアンナ・エクランドという女性に取り憑いた事件である。叔母と父親の呪いによりベルゼブブなど多くの悪魔に憑依されたアンナに、エクソシストである神父が悪魔祓いをするものの、彼女の中の悪魔は非常にしぶとく、悪魔祓いは28日間に及んだ。悪魔が去ったあと、儀式が行われた部屋は、ひどい悪臭が漂っていたという。

魔王サタンも膝を折る地獄の統治者

ベルゼブブはどの文献においてもブレることなく、魔王であるサタンに匹敵する強さを持っていると表現されている。そのうちのひとつ新約聖書外典『ニコデモによる福音書』では、とうとうサタンよりも高い地位に就いている。

イエス・キリストが十字架に磔にされたのち、サタンはイエスを地獄に連れてくることを計画した。これまでイエスに邪魔をされてばかりだったため、仕返しをしてやろうというのだ。これにベルゼブブは反対した。イエスの力は強く、連れてきてしまえば仕返しどころかこちらが散々にやられてしまうだろうと予想し、サタンを止めた。サタンはこれを聞き入れず、イエスを地獄に連れてきてしまう。ベルゼブブの予想どおり、イエスはサタンをはね除け、地獄に閉じ込めていた聖人を全員解放してしまった。解放した聖人とともにイエスが天に去ると、サタンはベルゼブブの指摘どおりであったと認め、今後はベルゼブブが地獄を統治するべきだと言って立場を譲り、忠誠を誓ったのだった。

Satan
サタン

別名 サタナエルなど

種族 悪魔、魔王
役割 悪魔の王、地獄の統治者
出典 『ヨブ記』『マタイによる福音書』など

悪魔を統べる絶対的悪の魔王

悪が人格化した存在で、あらゆる悪魔、悪霊たちの王。神の対極におり、魂を堕落させる力を持つ、神と人間の敵である。天から墜ちる描写が記されていることから、堕天使ルシファー［→P28］と同一視されることも。また、蛇やドラゴンの姿とされることもあり、旧約聖書『創世記』でイヴを騙して知恵の実を食べさせた蛇をサタンとする説もある。

七つの大罪「憤怒」

憤怒にとらわれると、サタンにそそのかされて暴力や戦争といった低俗な行動をとり、すべての面において荒廃するという。「忍耐」をもって対抗する。

ヒョウ

ヒョウは憤怒を想像させる。憤怒は牙をむく動物で象徴され、荒れ狂ったイノシシなどもこれにあたる。

魔王サタンと同一視される悪魔たち

サタンは人格化した悪そのものであり、あらゆる悪霊たちのトップである。その名はヘブライ語で「敵対者」という意味を持つ。名のとおり、常に神及び人間に敵対するものとして扱われている。サタンの目的は、人類をそそのかして神に背信させ、地獄で永遠の苦痛を与えることにあるという。

堕天使ルシファーやその別名サタナエルとよく同一視されている。特にサタナエルは大天使ミカエルの兄弟として神が創造した天使で、神の側で働いていたが、やがて背反、堕天してサタンになったといわれる。彼らを同一の存在としない考えもあり、ゲーム『女神転生』シリーズや『ペルソナ』シリーズなど、現代日本のメディア作品ではサタンとルシファー、そしてサタナエルはすべて別々の存在として扱われていることも多い。

なお、サタンはほかにも山羊の悪魔アザゼル［↓P62］や蝿の王ベルゼブブ［↓P44］などとも同一視されることがある。

神や人間の敵として君臨する悪の象徴

サタンとイエス・キリストやその使徒たちとの確執は、新約聖書の中に何度か記されている。『ヨハネの黙示録』では、サタンはドラゴンの姿でミカエルと戦い、敗れて天から落とされる。サタンは鎖に繋がれて封印されるが、千年ののちに復活。再び神に反抗するためにゴグ・マゴグ（諸国の民）を惑わし、武装した兵として集結させた。サタンの軍勢は千年王国の都エルサレムを取り囲むが、天から火が降り注いで敗北。サタンは火の池に入れられ、永遠の苦しみを味わうこととなったのである。

サタンは神と人間の敵として、完全なる悪に描かれてきた。特に中世ヨーロッパでは、聖人がサタンを倒して人々を救う聖人伝が流行し、よく読まれていた。しかし近年は、創作作品で柔軟な描かれ方をすることも増え、悪の象徴一辺倒であったサタンのイメージに変化が生じている。漫画『ドラゴンボール』では、地球を救ったヒーローとされている格闘家ミスター・サタンの名前に由来。ちなみに、その娘ビーデルの名はデビルからつけられた。

ベルフェゴール

Belphegor

別名 ベルフェゴル、ベールフェゴルなど

種族 悪魔、悪霊

役割 七つの大罪のうち「怠惰」

出典 『民数記』など

悪魔化された豊穣と性の神

もとは古代モアブの神だったが、キリスト教の広まりとともに悪魔として扱われるようになった。七つの大罪のうち「怠惰」を象徴し、また性愛の悪魔として男女を惑わすとされる。地獄では発見、発明を司っている。ベルフェゴールの召喚は非常に難しいが、もしも成功して気に入られれば、莫大な富と発明の才能を授けられるという。

七つの大罪「怠惰」

人間を無関心や無頓着、怠慢に誘導する、七つの大罪における第二の肉体的な罪。怠惰にとらわれると無知になり、ほかの罪にも陥りやすくなるという。この罪に対抗する美徳は「勤勉」である。ベルフェゴールは怠惰を象徴し、操るという。

ロバ

ロバは怠惰と結びつく。そのほかに熊も怠惰を象徴するとされている。

結婚の真実（?）を突き止めた異端の神

ベルフェゴールは、もともとは「バアル・ペオル」という豊穣と性を司るモアブ（古代イスラエルの隣国）の神であった。しかし、一神教であるユダヤ・キリスト教が広まると、教義に不都合であったこの神の価値は下げられ、やがて悪魔として扱われるようになった。

旧約聖書『民数記』でははっきりと、バアル・ペオルが異端の神とされている様子が記されている。モアブの地に入ったイスラエルの民が、地元の娘に誘われるがままバアル・ペオルに礼拝をしたところ、神の怒りに触れた。神はイスラエルの英雄モーセに命じて礼拝の参加者を全員処刑させたが、なおも怒りはおさまらず、疫病をまき散らして2万4千人もの命を奪ったという。

ベルフェゴールは、地上に存在する結婚という制度が本当に幸せなものなのかを突き止めるため、地上で調査する役割を与えられた。もともと結婚の幸福というものを信じていなかった悪魔たちが、確信を得るためにベルフェゴールを派遣したという。かくして結婚した男女の様子を観察し、人間に紛《まぎ》れて生活、性の経験をしたベルフェゴールは、幸せな結婚というものはただの噂話に過ぎず、人間は調和を築くことが不可能な生き物であるという結論に至ったとされる。また、ベルフェゴールが女嫌いと放蕩な男を支配するという説もある。

排泄物を捧げられトイレに座っている？

ベルフェゴールはよく、角と尻尾を持った悪魔が便座のような穴があいている椅子に座っている姿で描かれるが、これは排泄物がベルフェゴールへの捧げ物とされていたことに由来する。この姿のベルフェゴールの初出はフランスの文筆家プランシー［↓P172］の『地獄の辞典』で、その後のベルフェゴールのイメージを定着させた。日本のゲーム『真・女神転生』シリーズに登場するベルフェゴールは、洋式トイレに座った姿で描かれている。

時折、ベルフェゴールは人間の男を誘惑するため、美しく若い女性の姿で現れることもあるという。その説を汲んでか、ゲーム『逆転オセロニア』や『モンスターストライク』など、ベルフェゴールを女性の姿で描くサブカル作品も多く見られる。

サマエル

Samael

別名 サムエルなど

種族 悪霊、堕天使
役割 悪の支配者、死の天使など
出典 『創世記』『バルクの黙示録』『ヨハネの黙示録』など

数々の異名を持つ、正体不明の高位の悪魔

カバラ（ユダヤ教の神秘術）において、サマエルは生命の樹セフィロトに属する10人の悪霊のトップに君臨する支配者である。悪霊たちを従え、毎晩リリス［→P58］らと乱交に及んで次々と新たな悪霊をうむ。翼は12枚で全身に目があり、変身能力を持つという。

しかしながらサマエルの正体にはさまざまな説があり、また似た存在も数多くいるためはっきりしていない。一般的なものでは、その名は「神の毒」という意味で死を司る天使、すなわち神が定めた死刑執行人だという。

一方で、聖書『創世記』においてイヴに知恵の実を食べるようそそのかした

蛇、または蛇にそう仕向けさせたのがサマエルとする説もある。新約聖書外典『バルクの黙示録』では、知恵の実は葡萄であるとし、天使であったサマエルがこの葡萄の木を植えた。そしてアダムに葡萄酒の味を覚えさせ、堕落させたとある。サマエルは神の怒りに触れ、アダムとイヴともども楽園を追放された。

そのほかにも、サマエルは『ヨハネの黙示録』に登場する赤きドラゴンや破壊魔神アスモデウス［↓P36］、魔王サタン［↓P48］とも同一視、またはそれに比肩するともいわれる。いずれにしても、サマエルは数ある中でも強大な力を持つ悪魔とされた。多数の悪魔が登場するゲーム『女神転生』シリーズのサマエルもまた、赤いドラゴンの姿で高位の悪魔に位置づけられている。

サマエルについては、「十戒」で知られるモーセとの逸話も有名だ。天使サマエルは、神の命令でモーセに死を与えようとしたが、モーセの輝く顔に圧倒されて天に帰還。神に叱責されたため再びモーセのもとに行くも、逆にモーセに激しく杖で打ち据えられ、失明してしまった。神はそんなサマエルに代わってモーセに死を与えるが、モーセの魂を持ち出せなかったうえ面目を潰されたサマエルは、堕天使となって神に反逆する存在になったという。

リリス

Lilith

別名 リリトなど

種族 悪霊
役割 アダムの最初の妻など
出典 『ベン・シラのアルファベット』『創世記』『イザヤ書』など

男を惑わす悪魔界の女王

長い髪と翼を持つ、妖艶な女悪魔。夜に活動し、毎晩悪魔と乱交しては次々と悪霊《デーモン》をうみ、空を飛びまわって、妊婦や乳幼児を喰らう。また眠っている男に夢精させるサキュバス〔→P104〕としての顔も持つ。『イザヤ書』をはじめユダヤ伝承に早くから登場しており、女悪魔の代表的な存在として数々の伝説・俗説と結びつけられた。

フクロウ

リリスの名はヘブライ語で「甲高い声」に訳される。これは夜、フクロウがわめく声を意味するという。一般的にフクロウといえば「ホーホー」と鳴くイメージだが、メスのフクロウやフクロウの種類によっては「ギャァギャァ」と金切り声を立てることも多く、それが夜の魔物リリスと考えられたようだ。同じサキュバスであるマハラトとリリスが罵り合った際、その怒声は、大地を揺るがすほど激しいものだったという。

快楽と堕落を与える、艶めかしい悪魔

夜の魔物リリスは、立場や役割を変えつつも、世界各国の古い神話や伝説に広く登場しており、女悪魔として非常にメジャーな存在だ。悪霊の王サマエル［➡P56］や魔神アスモデウス［➡P36］の妻であるとか、ソロモン王［➡P158］と対峙したシバの女王、トロイア伝説の美女ヘレネもリリスだとする伝承もある。

リリスはその美貌でもって、しばしば男をたぶらかす性格が強調される。カバラの中心書『光輝の書（ゾーハル）』によれば、リリスは薔薇のように赤く長い髪を持ち、頬は白と赤、耳や首を数々の装飾品で飾り、唇もまた薔薇のごとく赤く、甘い。その容姿となめらかな言葉でもって、男性を誘惑するというのである。旧約聖書の英雄モーセによる口伝律法『タルムード』では、リリスは空を飛び、睡眠中の独身男性を見つけると夢の中に入って交わるという。夢精はリリスのしわざであるとした。

一方でレヴィアタン［➡P40］の女性面という見方から、蛇の姿でも表現されることもある。

男が上になることを拒んだ「アダム最初の妻」

世界で最初の男女といえば、アダムとイヴがよく知られている。旧約聖書『創世記』にアダムとイヴ誕生の物語があるが、実はこれより前に、神は「自分と似た姿形の人間をつくって男と女とした」という話がある。作者不詳のユダヤ聖典注釈書『ベン・シラのアルファベット』によると、この時の女こそリリスであり、アダムの最初の妻だというのだ。

リリスはアダムとの営みの際、アダムが上に乗ろうとすると「私たちは同じ土からつくられた者同士。平等であるべきだ」と主張。己が下となることに憤慨したという。アダムを拒んだリリスは堕天して紅海の側に住み着き、夜な夜な悪魔と交わって一日に100人もの悪魔をうんだ。そして夜ごと独身男性や分娩中の女性、赤子（特に男児）を襲う妖魔と化したのである。

こうしてリリスは男を堕落させる淫らな魔女、赤子の敵として忌み嫌われてきたが、アダムを拒絶した経緯から、近年は男女平等を訴える女性解放運動、フェミニズムの象徴となることもある。

アザゼル

Azazel

別名 アザエルなど

種族 悪魔、魔神
役割 山羊番の魔神、人間の罪を負う者
出典 『レビ記』『エノク書』など

人間に禁断の知識を与え、この世の罪の一切を背負う

旧約聖書『レビ記』には、ユダヤ人による「贖罪の日」についての記述がある。七番目の月の日、ユダヤの民たちは大司祭の前へ、クジで選ばれた二頭の牡山羊を連れてくると、一頭を神の供物として屠殺。大司祭はもう一頭の山羊の頭の上に両手を乗せ、自らの罪と民たちの罪を告白すると、そのまま山羊を荒れ野に放した。人々の罪を負ったこの山羊は、荒れ野に住むというアザゼルに捧げられるという。この話からプランシー［→P172］の『地獄の辞典』などでは、アザゼルは山羊番の魔神として描かれている。

アザゼルはなぜ、人間の贖罪の対象になったのか。その理由は聖書の中でも

悪魔や堕天使らの物語がよく描かれている『エノク書』に詳しい。それによると、アザゼルはもともと神に仕える天使だった。ある時、神の命でグリゴリ（「見張る者」の意）と呼ばれる200人の天使団とともに地上に降りると、人間の娘たちの美しさに欲情してしまう。ほかのグリゴリたちもアザゼルに加担し、みな人間の娘たちと結婚した。彼らと娘たちの間には巨人ネフィリムがうまれ、ネフィリムは田畑を荒らし、人間を喰らうなど暴虐の限りを尽くした。

グリゴリたちは魔法や占星術、医療など、人間に多くの知恵を授けた。アザゼルは武器や兵器、宝飾品、化粧の仕方などを教えた。その結果、男は武器を手に傷つけあい、女は化粧して男を誘惑する術を覚えた。荒れ果てていく地上の様子について報告を受けた神は、大洪水でもってこの地から邪悪を一掃することを決定すると、大天使ラファエルにこう命じた。「アザゼルの手足を縛り、暗闇の穴の中に投げ込め。穴は岩で塞ぎ、永久に閉じ込めよ。全地はアザゼルの教えで堕落した。一切の罪を、アザゼルに負わせるのだ」。

こうしてアザゼルは砂漠の荒野に封じられ、この世の罪を負う存在となったのである。

Molech
モレク

別名 モロクなど

種族 悪魔、悪霊
役割 アモン人の神
出典 『レビ記』『列王記』など

血塗られし牡牛頭の邪神

モレクはアモン人（古代のパレスチナ民族）に崇拝された太陽神だが、ヘブライ人にとっては「憎むべき神」で、嫌悪の対象であった。それはモレクを崇拝する時に、赤子を生け贄として差し出すという掟があったからだ。

アモン人がモレクを祀るためにつくったというブロンズ像は、真鍮の台座に座った牡牛頭の人間を模しており、腕は供物を支えるため長く、内部は空洞で、独房のごとき7つの棚と扉が取りつけられていた。７つの棚にはそれぞれ小麦粉、キジバト、牝羊、牝山羊、仔牛、牡牛、そして人間の赤子が入れられた。そして像の下から薪で火がくべられると、溶鉱炉のように内部が熱せられるのである。儀式の最中は周囲でシンバルやラッパ、太鼓が激しく打ち鳴らされるため、焼け死んでいく子どもの断末魔を聞くことはない。

モレクはカルタゴの主神バアル［↓P82］や、古代ギリシャの神クロノスと同一視されるが、これはバアルもクロノスも、子どもの犠牲がついてまわるからである。『失楽園』を著したジョン・ミルトンは、モレクのことを「人身御供《ひとみごくう》の血にまみれ、親たちの涙を全身に浴びた魔王」と表現し、モレクのおぞましさ、そして血の気の多さについて述べている。『失楽園』の中で、モレクはかつて天界で天使ガブリエルと激しい戦いを繰り広げた堕天使であり、その中でもとりわけ力が強く、獰猛な性格だとした。天界での決戦に敗れて地獄に落ちても、モレクはほかの悪魔たちに先んじて魔王サタン［↓P48］のもとに駆けつけ、天使たちともう一度戦うべきだと主張している。

『レビ記』には「自分の子をモレク神に捧げる者は死刑となる」など、異教徒の神モレクを祀ることは大罪だとみなした記述がある。『列王記』においては、ソロモン王［↓P158］がモレクのために神殿を建てたことが神の怒りに触れ、それがイスラエル分裂につながったことになっている。

Behemoth

ベヒモス

別名 ベヘモス、ベヘモット、ベヒーモスなど

種族 怪物、悪魔
役割 地獄の膳部官、酌人頭
出典 『ヨブ記』『エノク書』など

のちに悪魔になった巨大な神獣

神がレヴィアタン〔→P40〕とともに「最初の御技」で創造した巨獣で、カバや象、牛、サイのような姿とされる。最初はレヴィアタンと同じく海の魔物だったが、そのあまりの巨大さから海に棲むことができず、陸にあげられるようになった。中世以降では暴飲暴食を誘う悪魔として恐れられるようになり、多くの悪魔憑き事件を引き起こした。

バハムート

イスラーム神話における、大地を支え、世界を安定させる巨大な魚（または鯨）。バハムートの名はアラビア語で「ベヒモス（動物）」、さらにベヒモスと対をなすレヴィアタンが水の怪物であることから、バハムートとベヒモスは混同して解釈されるようになった。のちにRPGの先駆け『ダンジョンズ＆ドラゴンズ』でドラゴンの姿に描かれたことを皮切りに、『ファイナルファンタジー』がそのイメージを踏襲。バハムート＝竜のデザインが普及した。

レヴィアタンと並び称される怪物

ベヒモスは人気ゲーム『ファイナルファンタジー』など数々のメディア作品にたびたび登場する巨躯のモンスター（作中ではベヒーモス）として名高い。おおむね二本角で四足歩行の屈強なサイのような姿だが、これは旧約聖書『ヨブ記』における、ベヒモスに関する記述が影響している。

神はベヒモスについて次のように自賛した。「（ベヒモスは）牛のごとく草を食べる。見よ、腰の力と腹筋の勢いを。尾は香柏《こうはく》（ヒノキまたは杉）のようにたわみ、腿の筋は互いに絡み合っている。骨は青銅の管。骨組みは鋼鉄の棒のごとくである。（中略）川が彼を押し流そうとしても、彼は動じない。ヨルダンの川が口に流れ込んでも、ひるまない」。

これの一般的な解釈として、ベヒモスはサイよりもカバと考えられている。しかし神が女神アナトに求婚する時に、インドの象頭の神ガネーシャを名乗ったという伝承から、象と見る向きもある。

旧約聖書偽典『エズラ書』には、神はベヒモスをレヴィアタンとともに海から誕生させたが、あまりに巨大なために海があふれてしまい、ベヒモスだけ陸に引きあげたとある。

巨大なる神の傑作は、大喰らいの悪魔へ

『ヨブ記』で神が語るところによれば、ベヒモスは酸棗《さんそう》（ナツメの一種）の木の下に伏して葦の茂みか沼に隠れ、多数の野の獣とたわむれるという。巨大であるものの、特別危険な獣というわけではなかった。

しかし16世紀以降、暴飲暴食を誘発する悪魔と位置づけられるようになる。その影響で強欲の象徴とされたほか、地獄の膳部官《ぜんぶかん》かつ酌人頭《しゃくにんがしら》説、魔王サタン［↓P48］と同義とする説も出た。コラン・ド・プランシー［↓P172］著の『地獄の辞典』では、膨れた腹をかかえる象の姿で描かれている。

フランスのルーダンの修道院では、修道女らが悪魔に憑依され発狂するという事件が起きた。のちに「ルーダンの悪魔憑き」と呼ばれ、多くのホラー作品の源泉となったが、その悪魔のひとりにベヒモスの名がある。穏やかな神の獣は、その巨大さゆえに恐れられる存在となってしまったようだ。

ヨハネの黙示録の四騎士

The four horsemen of the apocalypse

種族 騎士、災厄
役割 人間に災厄をもたらす
出典 『ヨハネの黙示録』

4つの災厄を示す騎士たち

新約聖書の最終章『ヨハネの黙示録』には、かの有名な最後の審判をはじめ、キリスト教における終末の様子が記されている。子羊（＝イエス・キリスト）は神からもたらされた巻物の7つの封印を解いていく。封印が1つ解かれるたびに、人間の世界には災厄がもたらされ、最後の封印が解かれると滅亡が訪れるとされている。その巻物の封印のうち、1つ目から4つ目までを解いた際に現れるのが、ヨハネの黙示録の四騎士である。第一の騎士は「勝利」や「支配」、第二の騎士は「戦争」、第三の騎士は「飢饉」、第四の騎士は「死」を示すと考えられる。

第一の封印を解くと白い馬が現れる。弓を持っており、冠が与えられて勝利を重ねようとして出て行くという。

第二の封印を解くと、炎のように赤い馬が現れる。人々が殺し合うよう地上から平和を奪うことが許され、大きな剣が与えられている。

第三の封印を解くと、黒い馬に乗り秤を持つ騎士が出現。そして「小麦1コイニクスは1デナリ、大麦3コイニクスは1デナリ。オリーブ油と葡萄酒に害を与えるな」と話す。1コイニクスは1・09リットルで、大人1日分の食糧の量にあたる。デナリは貨幣の単位で、1デナリは当時の一日の賃金にあたる。つまり、食糧を法外な価格で売るのだ。

第四の封印を解くと、青白い馬が現れる。それに乗る者は死と呼ばれ、黄泉がついてきているという。彼らには地上の4分の1を支配する権利が与えられ、剣と飢え、疫病と地上の獣で人を殺す力を与えられている。

四騎士は、多くの映像作品やゲームなどでやはり4つの苦難や敵などのモチーフとされている。アメリカのテレビドラマ『スーパーナチュラル』では、馬ではなく各色の車に乗る現代的な四騎士として登場している。

大淫婦バビロン

Whore of Babylon

別名 大いなるバビロンなど

種族 悪魔
役割 象徴
出典 『ヨハネの黙示録』

売春婦の母と呼ばれる着飾った女

新約聖書『ヨハネの黙示録』第17章などに記述がある、女性の姿をしたもの。黙示録の獣に乗って荒野に現れるという。黄金、宝石、真珠などの装飾品や、赤と紫の豪奢な衣装を身につけ、その手には自らの淫らな行いの穢れや忌まわしいもので満たされた黄金の杯を持っている。額には「大いなるバビロン、淫婦と憎むべきものの母」と記されている。

黙示録の獣

大淫婦バビロンを背に乗せている獣。その体は赤く、7つの頭と10の角があり、熊の足、獅子の口を持つ。『ヨハネの黙示録』には魔王サタン[→P48]の化身とされる赤い竜が、この獣に力や権力を与えたとする記述が見られ、この獣を竜の姿とする解釈もある。この獣を崇拝する者には獣の数字「666」が刻印されるという。

災いのあとに現れて人々を魅了する

新約聖書『ヨハネの黙示録』が示す世界の終末は、イエス・キリストが神の施した7つの封印を解くことにはじまる。ひとつの封印が解かれるたびに災いが起こり、7つすべての封印が解かれたのちに現れるのが、大淫婦バビロンである。バビロンはきらびやかな装いで黙示録の獣の背に乗って荒野に現れる。そしてローマの売春婦が額に自分の名前を記した金の板をつけていたように、バビロンの額にもその名が書かれていた。バビロンの容姿について詳細な記載はないが、民衆や高い地位に就く者を魅了してたぶらかしたことから、美女であると考えられる。

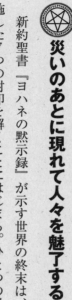

『ヨハネの黙示録』の中にある「女は聖人たちとイエスの証人の血に酔いしれていた」という記述が示すように、バビロンは信者たちを殺して流血させる。しかし、最後は神の裁きを受け、自らが乗り物にしていた黙示録の獣によって衣服をすべて取られた上で引き裂かれ、炎で焼かれて滅亡したとされる。

バビロンにたぶらかされ、彼女に魅了された者たちは悲しみながらも立ち去り、その地は悪魔や獣の巣窟となったという。バビロンが裁かれたあとは、キリストによる直接的な統治、至福の千年王国が訪れるのである。

大淫婦バビロンはローマ帝国の象徴!?

大淫婦バビロンの存在が何を表現しているのかは諸説あるが、一説では大国ローマ帝国を象徴していると考えられている。彼女が乗る黙示録の獣は7つの頭を持つが、これは7人のローマ皇帝を表しているという。この7人には、ローマ大火の罪をキリスト教徒になすりつけた暴君ネロや、キリスト教徒の大迫害を行ったディオクレティアヌス帝などが含まれている。そして、獣にまたがる大淫婦バビロンはローマ帝国そのものであり、最後に彼女が神の裁きで死ぬことは、ローマ帝国の滅亡を示唆したものと考えられている。

大淫婦バビロンは、ゲーム『女神転生』シリーズなどではマザーハーロットという名前で登場。この名前は「淫らな女の母」と訳される。また、黙示録の獣単体で芸術やメディア作品に登場することもあり、トマス・ハリスの小説『レッド・ドラゴン』にはこの獣に魅せられた殺人鬼が登場する。

Abaddon

アバドン

別名　アポリヨンなど

種族　天使、悪霊
役割　第5の災厄、人間に苦しみを与える
出典　『詩篇』『ヨブ記』『ヨハネの黙示録』など

5カ月の苦痛をもたらす深淵の天使

新約聖書『ヨハネの黙示録』で、災厄を告げるラッパを吹く7人の天使のうち、その5番目の天使がアバドンである。悪霊の支配者で罪悪、争い、荒廃などを司る、冥界の天使であるとされる。

馬のような姿をしているが、背には翼を持ち、顔は人間に似ているが獅子のような歯を持つ。女性のような髪の毛があり、頭に冠をかぶっているという。出現の際はサソリの力を与えられたイナゴの大軍を引き連れており、自身も針のあるサソリの尾を持つとされる。イナゴは悪魔がもたらす霊的な苦しみを表すといい、額に神の刻印を持たない人々に、サソリに刺されたような苦痛を

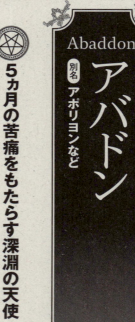

5ヵ月もの間、死をも許さず与え続けるという。この描写は、現代でも深刻な災害として知られる蝗害《こうがい》を象徴していると考えられる。

アバドンという名前はヘブライ語の「破壊者」に由来し、別名のアポリヨンもギリシャ語で同様の意味を持つ。また、アポリヨンはギリシャ神話に登場する疫病の神アポロンと関連するという説もある。

サタン［→P48］やサマエル［→P56］と同一視されることがあるが、旧約聖書でのアバドンは、天使や悪魔といった登場人物名ではなく地名として記され、滅びの地である地獄ゲヘナの一部であるとされている。また『詩編』では墓、もしくは冥界と関連づけられているような記述も見られ、『ヨブ記』においては人格を持つ存在のように表現されている。

ゲーム『女神転生』シリーズでは、大きな口をあけた緑色の怪物のような姿で描かれる。それとは対照的に、ゲーム『悪魔城ドラキュラ 蒼月の十字架』では音楽家のような姿でタクトを振っている。深淵というエリアで待ち構える強力なボスキャラクターで、サソリではなくイナゴの大群を操って大ダメージを与えてくる。

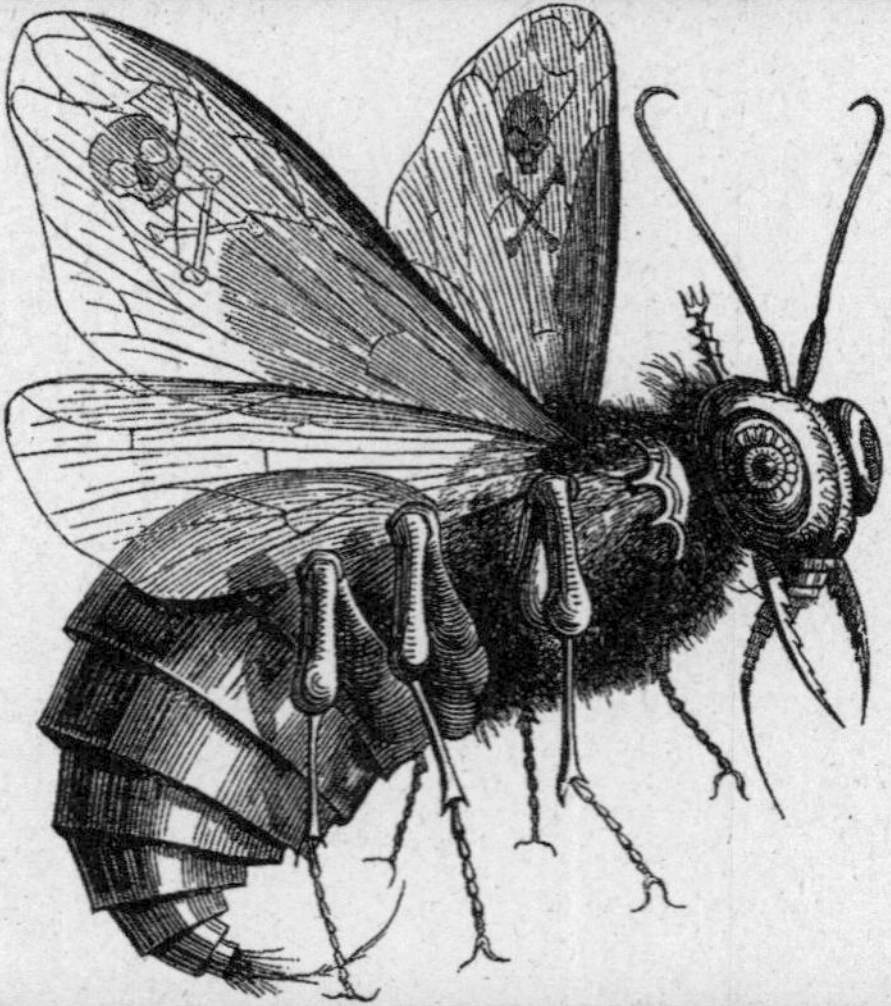

プランシーの『地獄の辞典』より、ベルゼブブの挿絵。ハエの姿で描かれている

3章 ヨーロッパの悪魔

36 Deccan's Devil
36デカンの悪魔

種族 悪魔
役割 ソロモン王の神殿の建築
出典 『知恵の書』『列王記上』『コーラン』など

ソロモン王の神殿を建てた悪魔たち

魔導書『ソロモンの誓約』には、イスラエル王国の最盛期を築いたとされる伝説のソロモン王［→P158］が、マジックアイテム「ソロモンの指輪」を用いて悪魔を使役し、大宮殿を建てたエピソードなど、ソロモンと悪魔の交流が綴られている。この『ソロモンの誓約』に36デカンの悪魔は登場する。「デカン」とは漢字で十度角と表し、12星座占いでおなじみの黄道十二宮を10度ずつ分割し、36に分けたもの。このデカンはそれぞれ天使が支配しているが、『ソロモンの誓約』では悪魔が割り振られている。その見た目は人型のものもいれば雄牛、鳥、犬、果てはドラゴンやスフィンクスと、多種多様である。

36デカンの悪魔は人間に病や争いを招くという。その病の種類もさまざまで、偏頭痛や喉の痛み、下痢などの軽い症状から、四肢の麻痺や五臓六腑の痛みなど、重症なものもある。また同じ「発熱」を起こす悪魔でも、第19の悪魔マルデオは「しつこい発熱」、第16の悪魔カトラクスは「致命的な高熱」と、悪魔によって程度が異なる場合も。さらには第31の悪魔リクス・アレレトは「魚の骨で喉を詰まらせる」、第6の悪魔スフェンドナエルは「体が後ろに弓なりに硬直する異常を引き起こす」など、かなり具体的な記載がある悪魔もいる。また、第8の悪魔ベルベルは「感情をひん曲げる」、第11の悪魔カタニコタエルは「家庭不和」など、精神攻撃を仕掛けてくる悪魔もいる。

最後に登場する第36の悪魔リクス・ミアネトは体にあらゆる悪さを施し、体を腐敗させたり、家を破壊したりという驚異的な能力を持つ。

『ソロモンの誓約』にはこれらの悪魔を対処すべく、ソロモン王が悪魔に尋問し敵対する天使の名を吐かせたと書かれ、その天使の名前を唱えたり、書いたりすると撃退できるという。ただし、「最悪」と呼ばれる7人の悪魔には敵対する天使がおらず、呪術や魔道具を用いるなど別の方法をとるしかない。

Bael

バエル

別名 バアル、ハダドなど

種族 悪魔、怪物

役割 東方の王、地獄の大公爵

出典 『レメゲトン』『デーモンの偽君主国』など

豊穣神バアルから転じた悪魔王

魔導書『レメゲトン』では72柱の悪魔の君主名簿の筆頭を飾る大悪魔。その姿は人間、ネコ、ヒキガエルの3つの頭部を持ち、声はしゃがれているという。支配地は東方。もとは西洋から見て東の地であるカナンの豊穣神バアルが起源とされ、ユダヤ教やキリスト教が興ると、聖書や魔導書で悪魔に転じた。

『レメゲトン（ソロモン王の小さな鍵）』

17世紀（または15世紀）にフランスで成立したとされる魔導書。それまでに存在した複数の魔導書を5部構成にまとめたもので、第1部『ゲーティア』はソロモン王［→P158］が使役した72柱の悪魔が記載されていることで有名。悪魔それぞれの特徴や召喚方法、印章などを紹介している。そのほか、第3部『聖パウロの術』では天使を操る方法が記されており、総合的な魔導書である。

悪魔バエルの原点は雨と稲妻に象徴されるバアル神

魔導書を代表する悪魔バエルは、66の軍団《レギオン》を率いる悪魔の王であり、黙示文学『エノク書』を源流とした民間伝承『エノクのデーモン』のひとりとしても挙げられている。バエルを召喚すると見えない世界を見られる目を与えられ、知恵も分け与えられるという。バエルに対抗する際、同格となるのは大天使ラファエル。バエルを表わす印章《シジル》は昆虫が羽根と足を伸ばしたような形で、ハエを象徴とする悪魔ベルゼブブ［→P44］との関連を思わせる。

こうした堂々たる特性を持つバエルだが、前身はカナン（現在のパレスチナ地方）の豊穣神バアルとする説が一般的だ。バアルの出自は紀元前のメソポタミア神話にさかのぼる。バアルとはセム語で「王」を意味する語で、固有名はハダド（メソポタミアの天候神アダドのウガリット地方での呼び名）。「バアル・ハダド」で偉大なるハダドという尊称だ。

バアル（ハダド）はウガリット神話の最高神の息子で、勝利の女神アナトを妹に、死神モトを兄弟に持つ。稲妻を握る姿で象徴されるバアルは雨を降らせる力を持っていた。神話ではモトに敗れたバアルが地獄に落ちて大地が枯れ、妹アナトがバアルの遺体を埋葬するまで不作が続いたという。

キリスト教の敵はやがて強力な悪魔キャラクターへ

偉大なるバアルの信仰地域は広かったらしく、エジプトのラムセス2世も奉じたとの記録があり、前2世紀にローマ帝国を追い詰めたカルタゴの英雄ハンニバルの名は「バアル神の恵み」という意味だ。だからこそユダヤ教やキリスト教にとっては強敵であった。旧約聖書『列王記』では預言者エリヤが、「バアルの預言者」と呼ばれる異教徒たちと雨乞い対決を行い、勝利したのちに彼らを処刑する。

また、同じく『列王記』で異教の神バアル・ゼブルは、「ゼブブ（＝蝿）の王」と蔑まれ悪魔ベルゼブブへと変化した。バアルの名を冠した悪魔はほかにも、バアル・フェゴール（ベルフェゴール［→P52］）など多数確認できる。

悪魔化されはしたが、バアルの偉大さは現代の創作物に強さという長所として残った。漫画『マギ』のバアルは雷を操る〝憤怒と英傑〟の精霊となった。

Naberius
ナベリウス

別名 ナベルス、ケルベロスなど

種族 悪魔、怪物
役割 悪魔の侯爵
出典 『レメゲトン』など

弁舌に長けたインテリ悪魔

ソロモン〔→P158〕72柱の中で24番目にあげられ、侯爵の地位を持つ。19の軍団を率い、召喚されると3つの犬の頭と鉤爪を持つ雌鳥（または大鴉、黒い鶴とも）の姿で、魔法陣のまわりを飛ぶという。召喚者に学問を教授したり、失った威厳を回復させてくれたりする。ギリシャ神話に登場する地獄の番犬ケルベロスと同一視される。

軍団《レギオン》
もとは古代ローマの主要部隊を指していたが、やがて「軍団兵」の意味に。ローマ軍団はその強さから悪霊扱いされていた。新約聖書の『マルコの福音書』にはイエス・キリストが悪霊の一団に出会った際、悪霊に名前を聞いたところ、「名はレギオン、大勢だから」と返された、という記述がある。

大食の地獄の番犬から言葉をかみ砕く論理派悪魔へ

ナベリウスは悪魔の中でもインテリ系で、芸術や科学など優れた知識を持つといい、それらを人間に教授してくれるという。特に得意なのが修辞学。英語ではレトリックともいわれるこの学問は、詩のように音韻を踏むことや、比喩、言い換え、反語など、言葉の技術を追求するものだ。その豊かな言語表現を駆使して相手を説得する能力にも長けていたという。また、失われた威厳や名誉を回復する能力も持ち、召喚者の地位すら高めることが期待できる悪魔なのである。

同時に最も勇敢な侯爵でもあるとされており悪霊軍団を統率する、相当にハイレベルな悪魔であると考えられている。ナベリウスの上司はアスタロト［↓P96］配下のネビロスであるが、一説にはネビロス自体がナベリウスの別名だとする説などもある。

地獄の番犬ケルベロスとの意外な関係

3つの犬の頭を持つという描写は、ギリシャ神話に登場する地獄の番犬ケルベロスと同様であり、一般的には同一視されている。ケルベロスは冥府の神ハデスの館の門を守る犬の魔物で、大食いであるという。門前を通る死者は少しでもケルベロスに気に入られるために蜂蜜菓子を土産に持っていくという風習がかつては存在したのだとか。しかし、ケルベロスの特徴である「暴食（抑制のない食欲）は節制を重んずるキリスト教において、「七つの大罪」のひとつに数えられるほどの悪行。神の守護者であるケルベロス、ひいてはナベリウスが悪魔的存在に変化したことのひとつの裏づけともいえるだろう。なお、ケルベロスは『魔王の地獄の番犬』や、『ファウスト』など民話に登場する黒い犬のモデルになっているともいわれる。

ケルベロスとナベリウスを比べると、創作物ではケルベロスの方がよく見るような印象があるかもしれないが、意外とナベリウスの方も起用されている。漫画『魔入りました！入間くん』ではナベリウス・カルエゴという悪魔の教師の名前になっている。ナベリウスの知性派なところを反映してか、優秀だが陰湿で厳格な性格のキャラクターだ。

Gaap

ガープ

別名 ゴアプ、タプなど

種族 悪魔、怪物
役割 大いなる支配者、西の二人の王のひとり
出典 『レメゲトン』など

人間の感情を操る西方の王

堕天した能天使のひとりで、魔導書『レメゲトン』では大いなる支配者や君主と位置づけられる。地獄の66の軍団を率い、4人の王をともなう人間の姿で現れる。知識を召喚者に与えることもできれば、無知に貶める能力のほか、感情を操作し、憎しみや愛の感情を抱かせることで争いも平和も思いのまま操るという。召喚した魔術師を瞬時に移動させたり姿を見えなくさせたりといった特殊な力もあるとされる。東の王であるアマイモン［→P32］に仕えており、エノクのデーモンのひとりにもあげられる。それによれば、西の支配はパイモンとの共同統治となっている。

Orobas
オロバス

種族 悪魔、怪物
役割 20の軍団を率いる地獄の王
出典 『レメゲトン』など

召喚した魔術師に誠実に尽くす変わった悪魔

魔導書『レメゲトン』で55番目に挙げられ、召喚されると馬の姿で現れる。プランシー［→P172］の『地獄の辞典』では、人間の胴体に馬の頭と脚で両手をあげたポーズで描写され、オロバスの容姿を印象づけたと言っても過言でない。命令があれば人の姿に変えられるほか、過去と現在と未来のあらゆることについての知識を持つ。特に神学、創生に関する質問には正確に答えるという。オロバスは悪魔でありながら誠実な性格で、ほかの悪魔のように召喚した魔術師に嘘をついたり裏切ったりはしないという。それどころか魔術師を誘惑から守ってくれる。

Belial
ベリアル

種族 悪魔、怪物
役割 暗黒界の王、闇の軍団の頭領
出典 『レメゲトン』『死海文書』など

邪悪かつ強大な闇の王

魔導書『レメゲトン』では72柱の悪魔のうち7人しかいない「王」の階級を持つ。美しい天使の姿で顕現し、ベリアルに気に入られれば有能な使い魔を与えられ、政治的特権も得られる一方、狡猾な悪巧みにより色欲の罪に落とされるとも。さまざまな魔導書で重要な悪魔とされ『死海文書』では闇の軍団を率いる諸悪の根源の役割を負っている。

『死海文書』

1947から1956年にかけて、死海北西岸のクムランという地域の複数の洞窟から900にも及ぶ古文書が発見され、20世紀最大の考古学的発見といわれた。これらの古文書を総称して『死海文書』と呼ぶ。文書のほとんどはヘブライ語で書かれ、旧約聖書に関連した文書や歴史のほか、現在では正典から外されている文書など、最古級の内容が含まれている。

闇の王国に君臨する堕天使は神に対抗する力の持ち主

魔導書では天使の姿で現われると記されたベリアルは、紀元前の文書とされる『死海文書』で闇の軍団の頭領として描かれている。元来ユダヤ教は唯一神しか認めず、神の力に拮抗する悪の力など認めていなかった。この思想に変化がうまれたのは紀元前2～後1世紀頃、ゾロアスター教の善悪二元論がユダヤ教に持ち込まれたためと考えられている。『死海文書』はその影響をよく伝えているもののひとつで、文書の中で善悪二元論は次のように説明される。

世界は唯一神により創造されたが、同時に光の道と闇の道がつくられ、人間や天使はどちらかを必ず通らねばならなくなった。そのため2つの陣営は戦い続ける宿命に置かれているという。ベリアルは大天使ミカエルらと肩を並べる高位の天使で、ルシファー［→P28］についでうまれた。しかし、神の命により地獄に堕ちた、もしくは最初から邪悪だったので堕天使となった。こうして闇の軍団を率いる王となったベリアルは神の善の力にも匹敵する存在となった。

両者の戦いは『死海文書』のひとつ「光の息子たちと闇の息子たちの戦い」

に描かれている。神に対抗するほどの力を持つベリアルは、後世に魔王サタン［→P48］の別名であるとする解釈もうまれた。ベリアルという名前はヘブライ語の「ベリ・ヤール」が由来といわれ、意味は「無価値」となる。そのほか、『エノク書』に登場するグリゴリ（堕天使の一団）のひとりでもある。

契約者にすら嘘をつく無慈悲な悪魔

時代を経て17世紀成立とされる魔導書『レメゲトン』では、ベリアルは炎の戦車に乗った美しい天使の姿で現れる。優しい声をしているが性格は邪悪そのもので、生贄を捧げてベリアルと契約しても、その本心を引き出すことは困難。嘘をつかれ、裏切られることもあるという。性的倒錯と結びつけられたのは美しさのためだろうか、ベリアルはとりわけ色欲や姦淫の罪を好む。

その側面がキャラクター設定に生かされているのが、ゲーム『グランブルーファンタジー』に登場するベリアルであろう。同作でベリアルはイケメン風の容貌で際どいセリフを発している。また、悪へと堕ちて強大な敵となる展開を持つキャラクターに、ウルトラマンシリーズのウルトラマンベリアルがいる。

Astaroth

アスタロト

別名 アストレト、イシュタルなど

種族 悪魔、怪物
役割 大公爵
出典 『大魔導書』など

ドラゴンに乗り未来を教える悪魔

魔導書『レメゲトン』では29番目にあげられるアスタロトは、古代フェニキアで崇拝された女神イシュタルを起源とする、男の堕天使。地獄の大公という地位にあり、宝物を管理する。天使の姿だが、地上ではドラゴンに乗り蛇を掴んだ姿で描かれる。悪臭を放ち、息が臭い。未来についての秘密を知っているとされ、占いの儀式によく召喚される。

『大魔導書』

『大いなる教書』と呼ばれることもある代表的な魔導書のひとつ。『レメゲトン』同様に悪魔の階級が記されており、三大支配者として皇帝ルシファー[→P28]、君主ベルゼブブ[→P44]、大公爵アスタロトをあげている。彼らの下にそれぞれ6人の副官がいる。また大きな特徴のひとつに、ルシファーの首相ルキフゲ・ロフォカレとの契約について本書だけが紹介している点がある。

召喚されると怠惰を勧めてくる無精者の堕天使

アスタロトは描写される姿が特徴的な悪魔だ。ドラゴン、もしくは巨大な獣に乗り、片手に毒蛇を持つという。アスタロトの起源は古代フェニキアやバビロニアの女神イシュタル。ギリシャ神話の愛の神アフロディーテやエジプトの女神アストレトと同一視される豊穣神だ。イシュタルはバアル［→P82］の妹にして妻ともされる女神アナトと同じ起源を持つと考えられるため、アスタロトはもともとバアルの妻として想定されていたのではとする説もある。なお、女神アストレトは軍神ともされ、ライオンの頭と女性の体を持ち、4頭立ての戦車に乗るとされる。戦車がドラゴンになったと考えると、いかにもアスタロトのルーツらしいとも思われる。

アスタロトは学問を司る悪魔であり、過去・現在・未来のいずれの問いにも答えられるという。占いのために降霊術でこの悪魔を呼び出す時は水曜日の夜10時から11時がよいとされている。ただ、怠惰を推奨するアスタロトは人間にもそうした生活を勧めてくるので注意が必要だ。また、アスタロトを呼び出す魔術師は彼の臭いにも耐えなければならない。アスタロトに対抗するには〝聖バルトロマイの力〟が求められるという。

アスタロトの存在の記録としては「ルーダンの悪魔憑き」の物語が有名だ。これは1630年代のフランスで起きた事件で、27人もの修道女が「自分たちを悪魔に憑依させた」としてひとりの神父を訴えた。裁判で神父の自白書が提出され、そこにアスタロトをはじめとする悪魔の署名があったという。

悪魔の代名詞ディアボロスとしての知名度も

アスタロトはアシュタルトなどの異名も合わせてさまざまなファンタジー作品で見ることができるが、別名の方が知られているかもしれない。アグリッパ【↓P170】が彼を指して読んだ「ディアボロス」という名だ。ディアボロスはギリシャ語で「悪魔」を指し、ゲーム『ファイナルファンタジー』シリーズなどに登場するディアボロスもまた悪魔然とした翼を持つ強力な魔獣。ほかにもゲーム『モンスターハンター』のディアブロスはアスタロトと直接のつながりはないものの、竜を思わせるデザインである。

インプ

Imp

別名 イムプなど

種族 悪魔

役割 魔女の使い魔

魔女に仕える低級の小悪魔

インプはいたずら好きの小悪魔（小鬼）だ。体長は10㎝ほどで、大きくても人間の子どもくらい。全身は黒く、ピンと尖った耳と細長い尻尾を持ち、その尻尾の先は鉤状に尖っている。目は充血し、腹はぽっこりとふくれ、頭には角があり、時にはコウモリのような羽を持つこともある。

インプは、もとはヨーロッパの妖精の一種だったが、16世紀頃から悪魔の子や、使い魔として扱われるようになった。使い魔とは、人間と一定の関係を結び、奉仕したり情報を提供したりする霊のこと。使い魔は儀式で呼び出されることもあれば、売買などで取引されたり、譲渡されたりすることもあった。中には自分の意志で現れる者もいたという。インプは、悪魔と契約した人間にサタン［→P48］から与えられる低級な使い魔という位置づけだ。

インプをよく使役していたといわれるのが、魔女だ。魔女たちはさまざまな使い魔を持つことができ、インプだけでなく、犬、ヒキガエル、ネズミ、鳥などの動物を使役した。その中でもとりわけ好まれたのが黒猫だ。ヨーロッパでは、猫は魔女の使い魔であるという恐怖から、猫の大量虐殺が行われ、ペスト菌の媒介であるネズミの増加につながったという話はよく知られている。また17世紀に逮捕された魔女は、5つの使い魔を使役していると告白。そのうちの一匹であるヴィネガー・トムという使い魔は、牡牛の頭を持ったグレイハウンド犬のような生き物で、首のない子どもに変身することができたという。

また使い魔は、異端審問にかけられた人物が本当に魔女かどうかを見極める基準のひとつにもなった。使い魔を持っていることが、魔女を死刑に処す十分な証拠となったのだ。投獄された魔女は使い魔が助けに来るかどうかを確かめるためひっそりと見張られ、魔女の方に寄って行くアリやゴキブリですら使い魔であるとされたという。

インキュバス

Incubus

別名 インクプス、夢魔、淫魔など

種族 悪魔
役割 女性を誘惑する
宗教 キリスト教

悪夢を介して女性に忍び寄る下級悪魔

インキュバスは就寝中の女性のもとに訪れて誘惑する男の夢魔だ。夢の中に現れて快楽に溺れさせたり苦しめたりすることから、悪夢《ナイトメア》の意味でも使われる。ヘブライ神話に登場するインキュバスは、「のしかかる」を意味するラテン語に由来する。その名の通り、就寝中の女性の体に乗って強く圧迫し、誘惑するのだ。一方、女の夢魔はサキュバス［↓P104］と呼ばれる。

初期キリスト教の時代には、異教の半神半人の森の精霊なども夢魔とされた。彼らは非常に淫らで、欲情のままに女性を傷つけるという。アーサー王伝説の原典となった『ブリタニア列王史』に登場する魔術師マーリンは、ダヴェドの王女が夢魔に誘惑されてうんだ子だとしている。夢魔と人間の間にうまれた子どもは特別な能力を持つとされたが、のちに望まぬ子どもをうんだ際、「インキュバスの仕業だ」という言い訳にも使われたようである。

ヨーロッパで魔女狩りが横行しはじめると、インキュバスはサタン［→P48］の手先だとされた。インキュバスが特に好んだのが、美しい髪の女性や若い処女、貞淑な未亡人などだ。これら〝敬虔な〟女性のもとに、その誘惑を拒否できないほど魅力的な男性の姿となってインキュバスは現れる。しかしインキュバス自身には生殖能力がない。ではどうするかというと、サキュバス（女夢魔）の姿に変わって睡眠中の人間の男と交わり精液を抜き取ったあと、インキュバスの姿に戻り今度は睡眠中の人間の女と交わって妊娠させるのだ。このため、インキュバスとサキュバスは同一の存在であるとも考えられた。

多くの女性はインキュバスに性交を強要されるが、中には進んで身を差し出して行為を楽しむ者もいたという。悪魔と契約して、その見返りに魔術の力を与えられた魔女たちだ。魔女の嫌疑をかけられた女性たちは、インキュバスと交わった罪を告発するまで拷問されたという。

サキュバス

Succubus

別名 スクブスなど

種族 悪魔、夢魔
役割 男性を誘惑する
宗教 キリスト教

蠱惑的な姿で快楽へ誘う女夢魔

インキュバス［↓P102］の女性版で、美しく官能的な肉体を持つ悪魔。ひとりで寝ている男性のもとに現れ、エロティックな夢や悪夢を見させて夢精を引き起こす。その魅力的な姿で男性を執拗に誘惑し、肉欲の罪に陥らせるのだ。また、サキュバスとインキュバスは性別と姿を変えただけで、もとは同一の存在であるとも考えられている。

サキュバス
サキュバスの名前は「愛人、恋人」を意味するラテン語に由来するとされるが、一説には「下に寝る」を意味する語に由来するという。ちなみに男夢魔インキュバスの名の由来は、「のしかかる」を意味するラテン語から。

サキュバス現象（インキュバス現象）
睡眠中に体が動かなくなり、悪魔に押し潰されそうになる状態を指す。医学的には金縛り（睡眠麻痺）の状態で発生し、半覚醒状態から幻覚をつくり出すという。

実は両性具有？ 男の理想を具現化した女夢魔

男性がひとりで寂しく寝ている時、その夢に現れる美しく官能的な女性。男性を誘惑し甘くエロティックな夢を見させ、肉欲に溺れた男性は夢精を引き起こされる。この美しい女こそ夢魔サキュバスだ。女夢魔のサキュバスは、その人が理想とする魅力的な姿となって現れるとされる。狙った獲物を逃さないためだ。しかし本当の姿は醜悪な怪物だという。

魔女狩りが吹き荒れる時代には、サキュバスは男夢魔のインキュバス同様、悪魔の手先とされた。だが、サキュバスはインキュバスほど表立って問題にされなかった。というのも、当時は女性の方が男性よりも誘惑に弱く、男夢魔のインキュバスが暗躍する機会が多いと信じられていたからだ。また、インキュバス自身は生殖能力がないため、サキュバスに姿を変えて男性の精液を集めたあと、男の姿に戻って人間の女性と交わり妊娠させると考えられていた。サキュバスは、インキュバスのもうひとつの姿だと考えられていたのだ。

サキュバスから逃れる最後の手段は引っ越し？

異性の理想を凝縮させたような夢魔だが、サキュバスとの性交は氷の空洞を貫くような恐ろしい体験だといわれている。だが色欲に逆らうことは難しいようで、サキュバスに関する事件はいくつも記録に残っている。１４６８年、イタリアのボローニャでは、ある男がサキュバスの売春宿を経営していた罪で処刑されている。

魔女狩りの審問官の手引書『魔女の槌』では、サキュバスを撃退するための方法も紹介している。アヴェ・マリアを唱える、十字を切る、新しい家に引っ越すなどだ。夜ごとサキュバスが訪れて執拗に誘惑された男は、別の場所に引っ越して祈りと断食を行うことでようやくサキュバスから逃れることができたという。また、民間伝承では「枕元に牛乳があると、サキュバスはそれを精液と間違えて持っていく」といわれ、牛乳で満たした小皿を枕元に置いて眠る風習があったという。これまで経験したことのない快楽を与えて男を魅了するサキュバスから逃れるのは、容易なことではないのだ。

Baphomet

バフォメット

別名　メンデスの山羊、黒い山羊など

種族　悪魔
役割　サバト、黒ミサを司る

悪魔崇拝のシンボルとなった悪魔

ヨーロッパに伝わる悪魔の一種で、人間の体に牡山羊の頭、黒い翼を持つ。起源は明らかではないが、中世頃から黒ミサや魔女が行うサバトなどで崇められるようになった。1300年代初頭には、テンプル騎士団がバフォメットの偶像を崇拝しているとして大問題に。団員たちは異端審問にかけられ、テンプル騎士団は壊滅となった。

悪魔教会

1966年にサンフランシスコで創設された悪魔崇拝の教会で、バフォメットをシンボルとしている。二重円で囲まれた逆さ五芒星の中に山羊の頭が置かれ、五芒星のそれぞれの頂点にはヘブライ数字が書かれている。それを解読すると、悪魔レヴィアタン[→P40]になるという。

テンプル騎士団が壊滅する原因になった悪魔

半分は人間、半分は山羊であるバフォメットは、人間の体に山羊の頭、黒い翼を持った姿で有名だ。起源は明らかではなく、名前の由来も定かではないが、イスラームの教祖であるマホメット（ムハンマド）の誤読から転じたとの説がある。また、一説にはギリシャ語の単語「バフ」と「メティス」が混じったもの、つまり「知識の吸収」を示すという説もある。

中世ヨーロッパではバフォメットは偶像神と信じられ、異教信仰と結びつけられた。バフォメットが大きく取りあげられたのは1300年初頭。テンプル騎士団が豊穣と富の源として「バフォメットの頭」を崇拝したというのだ。テンプル騎士団は12～13世紀にかけて十字軍の予備軍として組織された騎士団で、莫大な財産や権力を有していた。この騎士団が悪魔の偶像を崇拝しているという風評が広まり、バフォメットも世間に広まっていったようだ。時のフランス王フィリップ4世は、悪魔崇拝などを罪状として団員たちを拷問。自白を余儀なくされた団員たちは火刑に処され、騎士団は壊滅したのだった。しかし、これは騎士団の財産を狙ったためのでっちあげで、騎士団が悪魔崇拝にふけっていたわけではないことが明らかにされている。

19世紀のオカルティズムで描かれたバフォメットの姿

バフォメットと同一視されているのが、「サバトの山羊」レオナールだ。長身の牡山羊の姿をしたレオナールは、サバト（夜宴）を取り仕切る悪魔。中世では、魔女たちはサバトで卑猥な乱交にふけったり、人間の赤ん坊や動物を生贄したりすると考えられた。また、悪魔崇拝のための黒魔術儀式である黒ミサでは、牡山羊の面をかぶるという行為が行われた。

ちなみに、現在バフォメットの姿として有名な図像は、19世紀フランスの魔術師エリファス・レヴィによるもの。実はそれまでバフォメットの姿は明確ではなかったのだ。山羊の頭に黒い翼を持ち、両性具有を思わせる乳房が描かれた「メンデスのバフォメット」と呼ばれるこの図は、タロットの悪魔のカードと、古代エジプトのメンデスで崇められていた牡山羊の要素を混ぜ合わせたという。その牡山羊は女性の信者と姦淫したといわれる。

メフィスト・フェレス

Mephistopheles

別名 メフィストフィリス、メフォストフィラス、メフィストフィエルなど

種族 悪魔
役割 魔王の代理
出典 『実伝ヨーハン・ファウスト博士』『ファウスト』など

契約者の魂を地獄へ導く伝説の悪魔

どんな願いでも叶える代わりに、魂を引き渡す契約を人間に迫る——そんないかにも悪魔らしい悪魔が、メフィスト・フェレスだ。名前の表記は書物によってメフィストフィリス、メフォストフィラスなど微妙に異なり、はっきりした由来は不明だが、一説では「光を愛さない」という意味のギリシャ語ともいわれる。その性質は、ドイツのオカルト研究者ヨハンネス・トリテミウスに「邪悪で、悪意に満ち、落ち着きがなく、荒々しい」と評された。

メフィストは16世紀のドイツで広まった「ファウスト伝説」に登場する悪魔で、契約を交わした錬金術師ヨハン・ファウスト［↓P166］のあらゆる願望を

叶えたのちに魂を奪ったとされる。ファウストの願いは、天界と地獄界を旅するなどの知識欲を満たすものから、古代の美女と結婚するという俗っぽいものまでバラエティに富んでおり、おもに民衆本と呼ばれる娯楽小説『実伝ヨーハン・ファウスト博士』などで描かれた。

外見は灰色の修道士や黒い服の長身の男などの姿を取るが、ファウストにしか見えないという。歴史の教科書にも登場する文豪ゲーテの著作『ファウスト』は、これらの民衆本のエピソードをベースに執筆された戯曲だが、最終的にファウストの魂は元恋人の祈りによって地獄に落とされる前に救済されるハッピーエンドになっている。

悦楽に溺れやすい人間の弱さにつけ込んで魂を奪うという、悪魔のエッセンスが詰まったメフィストは、日本のエンタメ界でも好まれている。漫画の神様と讃えられる手塚治虫が最晩年に描いた未完作『ネオ・ファウスト』に登場するメフィストは、妖艶な美女として描かれる。また、妖怪漫画の大家である水木しげるの『悪魔くん』シリーズには、メフィストとその息子のメフィスト2世が登場してストーリーを盛りあげる。

エリファス・レヴィが描いた「メンデスのバフォメット」。
バフォメットの容姿を印象づけた

4章 神話世界の悪魔

ヘカテー

Hekate

別名 ヘカティア、ヘカテなど

種族 女神

役割 豊穣、冥界、夜、魔術の女神

出典 『神統記』など

宗教 ギリシャ神話

闇の世界に君臨する魔術の女神

ギリシャ神話に登場するヘカテーは、多彩な面を持つ女神だ。古代ギリシャの詩人ヘシオドスが叙事詩『神統記』に書き記した内容によれば、ヘカテーという名前は「遠くまで力が及ぶもの」を意味し、祈りを捧げればあらゆる豊穣、名誉、勝利をもたらすという。一方、豊かさは死と再生を繰り返して得られることから、ヘカテーは死を司る冥界の女神の一面も合わせ持つ。

しかし、ギリシャ神話には有名な冥界の神ハデスや豊穣の女神デメテルがいるのではないか。その疑問はもっともである。実はヘカテーは、ギリシャ神話でメインとして描かれるオリュンポス神族ではなく、オリュンポス神族に追い落とされた創世の神々ティタン神族の出身なのだ。また、冥界からのつながりで闇や夜の女神、月の女神ともされることから、オリュンポス神族の月の女神アルテミスとは従姉妹の関係、または同一視される。

ヘカテーのギリシャ神話での扱いは決して小さくなく、オリュンポスの神々と巨人のギガンテス族との戦いである「ギガントマキア」では、オリュンポス神族に味方して巨人を討ち取る活躍をした。さらに、古代ギリシャ・ローマでは十字路は死者の霊力が交差する場所と考えられたため、ヘカテーは道辻を守る道祖神のような存在として旅人たちにも信仰された。この時のヘカテーは三面三体を背中合わせにして三方向を同時に見通す「三姿のヘカテー」として表現され、十字路にはこの像が数多く立てられた。

超常的な力が集まる十字路は魔術的に重要なスポットで、精霊や悪魔の召喚に適するほか、十字路で行うと決められた儀式もある。このような場所を司るヘカテーは、魔術の女神として呪術師たちにも信仰されるようになり、ワイルドハントと呼ばれる魔物の行進を先導すると考えられた。そして中世のキリスト教時代になると、悪魔や魔女と同一視される恐ろしい女神となる。

キルケー

Kirke

別名 キルケなど

種族 魔女
出典 『オデュッセイア』『アルゴナウティカ』など
宗教 ギリシャ神話

中世の魔女像のモデルとなった美しく残虐な魔女

中世ヨーロッパで魔女狩りを盛んに推し進めた人物のひとりに、フランスの政治思想家ジャン・ボダンがいる。このボダンが著書『魔術師の悪魔狂』で魔女の実在の証拠として語っているのが、ギリシャ神話に登場する魔女キルケーだ。ボダンは、キルケーが得意とした他者を変身させる魔法は実在し、絵空事ではないと主張する。偉大な神学者アウレリウス・アウグスティヌスが、著作『神の国』でこの逸話を引用しているので間違いないというのだ。

中世の魔女のイメージは、古代ギリシャ・ローマ文化から形成されている点が多くある。キルケーもまた、後世で〝魔女のステレオタイプ〟のベースとされたひとりだ。容貌は極めて美しく、あふれるばかりの魔力を宿しており、性格はサディスティックで、薬草や薬品の扱いに長けているなど、いかにも魔女らしい特徴を合わせ持つ。アイアイエー島という伝説上の島に住んでおり、館の周囲には人間を魔法で変身させた獣を放っていた。

この島にやって来た哀れな男たちが、トロイア戦争に勝利して帰国途中のイタケ王オデュッセウスとその部下たちである。詩人ホメロスが『オデュッセイア』で語るところによれば、キルケーは偵察を命じられた部下たちに歓待するそぶりで近づき、毒を盛った料理を振る舞って豚の姿に変えてしまった。しかし難を逃れた副官エウリュコスが報告に戻り、これを聞いたオデュッセウスは旅人の神ヘルメスの助力で毒を無効にする薬草を入手。キルケーの魔法を破って仲間を元に戻すよう迫った。オデュッセウスの知恵と行動力に感じ入ったキルケーは態度を改め、要求どおり部下たちを人間に戻したのである。

またキルケーは、姪のメディアが弟殺しの罪を犯した時にその罪を清めたとも伝わる。魔女が罪を清めるとは意外だが、ホメロスはキルケーを「女神」と呼んでいることから、本来のキルケーは女神だったともいわれている。

メディア

Medeia

別名　メディア、メーディアなど

種族　魔女
役割　コルキス王女
出典　『ギリシャ神話』『神統記』『変身物語』など
宗教　ギリシャ神話

愛憎に狂った悲劇の王女

薬草や毒物の扱いを得意とする魔女とされるコルキス王女。王座奪還の試練に挑戦するイオルコス王子イアソンに恋し、魔法を使って成功へと導いた。イアソンのために実弟やイアソンの叔父まで殺してイアソンと結婚するが、浮気をされて逆上。浮気相手のコリントス王女グラウケを毒殺し、イアソンとの間の子どもも殺して夫のもとを去った。

『メディア』

古代ギリシャの劇作家エウリピデスによる悲劇。イアソンと結婚したのちのメディアが、夫の浮気に怒り狂って復讐を果たすまでを描く。メディアの怒り、憎しみ、悲しみなどが克明に描写されている。

ヘカテーの魔法

冥界の女神ヘカテー［→P116］の巫女だったメディアは、ヘカテーから魔法を伝授されたという。神話の中では眠りの魔法や若返りの魔法への言及がある。

人生を変える恋に落ちたヘカテーの巫女

ギリシャ神話の登場人物でも屈指の殺人鬼といえるのが、コルキス（現在のジョージア）の王女メディアだ。太陽神の息子アイエテスの娘であり、冥界の女神ヘカテーの巫女を務めた魔女とされる。強力な魔力を持ち、毒や薬の扱いを得意とした。しかし、もともとは殺人を犯すような残虐な性格ではなかったのだ。運命の恋によって、心と人生を狂わされてしまったのである。

その恋の相手が、イオルコス（現在のギリシャ中部地域）王子イアソン。父王アイソンの王座を叔父ペリアスに奪われてしまい、王座返還の条件としてコルキスにある黄金の羊皮を持ってくるように言われたため、巨大船アルゴー号に乗ってメディアの前に現れたのだった。

イアソンの冒険を応援する神々の画策でイアソンに熱烈な恋をしたメディアは、羊皮を渡すことを渋る父王アイエテスを裏切り、イアソンに味方する。アイエテスが炎を吐く牡牛で土地を耕すように命じると、炎から身を守れる薬を渡し、黄金の羊皮を守る龍と戦う時には眠り薬を授けてイアソンを助けた。

手を血で染めて尽くした夫に裏切られ復讐に狂う

こうして黄金の羊皮を手に入れたイアソンは、メディアを連れてコルキスをあとにする。この時メディアは、イアソンを追う弟アプシュルトスに騙し討ちを仕掛けて殺してしまった。さらにイオルコスへ着くと、イアソンに王座を返すつもりがないペリアスに若返りの魔法を施すと偽り、煮えたぎる鍋へと誘い込んで煮殺してしまう。愛する人のためとは言えなんとも凄惨だ。

邪魔者がいなくなったメディアとイアソンは結婚したが、この先も悲劇が続く。古代ギリシャの悲劇『メディア』が描くところでは、メディアとイアソンは王殺しの罪でイオルコスを追放され、コリントス（現在のギリシャ南部地域）に移住。この地でイアソンはコリントス王女グラウケに浮気し、メディアと離婚してグラウケと再婚したのだ。これに怒り狂ったメディアはグラウケに着ると燃え出す花嫁衣装を贈り、グラウケを救おうとした父王ともども焼殺。そして、イアソンとの間に授かったふたりの息子も殺してしまう。メディアは殺人狂ではなく、尽くしても報われなかった哀しいひとりの女性だったのだ。

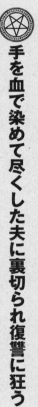

ラミア

Lamia

別名 ラミアー、レイミアなど

種族 魔女
役割 古代リビア王女
出典 『ギリシャ神話』
宗教 ギリシャ神話

魔女とも吸血鬼ともされる蛇の体の美女

15世紀ドイツの法学者ウルリヒ・モリトールが記した『魔女と女予言者について』は初期の悪魔学論文で、魔女狩りの必要性を説く内容になっている。原文はラテン語で書かれており、「魔女」の和訳に相当する部分の単語は「ラミア」だ。中世において、ラミアは魔女と同義語だったことが伺える。

ギリシャ神話に登場する魔女ラミアは、美貌で知られる古代リビアの王女だった。その美しさに目をつけた女好きの主神ゼウスと関係を持ち、子宝にも恵まれたが、不倫を知ったゼウスの妻ヘラが激怒する。そしてラミアはヘラに子どもたちを殺され、これからうまれる子どもはすべて死産になる呪いをかけられ、自身も下半身が蛇の怪物に変えられてしまった。絶望したラミアはすべての子どもを殺すと誓い、子どもを誘拐しては肉を貪り、血を啜るようになる。

さらにヘラはラミアから睡眠を奪い、常に子どもを亡くした悲しみを味わい続けるように仕向けたという神話もある。これを気の毒に思ったゼウスは、ラミアが休息できるように目を取り外し可能にしてやったという。

一説では、ラミアが蛇の下半身を持つとされたのは、同じくギリシャ神話に登場する上半身が美女で下半身が蛇の怪物エキドナと同一視されたためといわれる。またラミアはのちにギリシャ神話の悪霊エムプーサと混同され、若い男を誘惑して同衾したあと食い殺したり、悪夢を見せて血を啜《すす》ったりしたとも伝わる。このエムプーサがサキュバス［↓Ｐ１０４］のような夢魔、さらには吸血鬼とも同一視されるようになり、ラミアも悪魔的な性格を強めていった。

時代が下ると、ラミアとはリビア王女ラミア個人よりも、エムプーサのような悪霊や夢魔などの種族を表す言葉へと変化する。このような変遷の結果、ラミアというモチーフが魔女の夜宴、いわゆるサバトで子どもを生贄に捧げる魔女につながっていったことは想像に難くないだろう。

ヌクテメロンの魔神

Spirits of Nuctemeron

別名 時間の魔神など

種族 悪魔
役割 時間の悪魔
出典 『ヌクテメロン』『モーゼの生と死について』『高等魔術の教理と儀式』『超越魔術』など
宗教 ローマ神話

偉大な魔術師が系統立てた82体の悪魔

「悪魔」や「魔神」と和訳される言葉でも、すべてがキリスト教的な人間にとっての害悪ではなく、文化ごとに異なった性格を持っている。ローマの精霊「ゲニウス」も同様で、「魔神」や「鬼神」などと和訳されることもあるが、災いをもたらす一方で災いから守ってくれることもあり、森羅万象に宿る精霊のような存在である。19世紀フランスの詩人でオカルト研究家のエリファス・レヴィは、ゲニウスの特性を「天使でも悪魔でもない」と語っている。

このゲニウスを系統立てて紹介した書物が『ヌクテメロン』だ。本書の著書と伝わる魔術師アポロニウスは数学者で、哲学者ピタゴラスのもとで哲学を学んだのち、インド、エジプト、バビロニアで聖人に学び、超常的な力を得たとされる。自分の弟子であるメニッポスが花嫁を迎えた時には、花嫁の正体が吸血鬼ラミア［→P124］だと看破して幻術を破り、追い詰められたラミアはメニッポスの血を吸うことを諦めて退散したという。

アポロニウスが記したとされる内容によれば、「ヌクテメロンの魔神」とは時間を支配するゲニウスで、各時間に7体ずつ割り振られている。ただし9時だけは例外で、5体しか割り振られていない。これは9という数字が次の段階へ進む力にあふれており、神秘を畏れ沈黙を守る必要があったためらしい。この結果、ゲニウスの総数は82体となる。すべてのゲニウスには時間のほかに司る物質や現象が割り振られており、たとえば1時のゲニウスのミズクンが魔除けを司ることからも、ゲニウスが単なる悪魔とは異なるとわかる。

エンタメ作品ではアニメ『新世紀エヴァンゲリオン』に登場する渚カヲルのモチーフが、欺きを司る3時のゲニウス「カホル」といわれる。また、カヲルの正体は敵キャラクター「タブリス」で、自由意思を司る6時のゲニウスと同じ名前である。

アスラ

Asura

別名 アフラ、阿修羅など

種族 悪魔・守護神
役割 八部衆
出典 『ヴィシュヌ・プラーナ』『ラーマーヤナ』『金剛経』など
宗教 バラモン教、ヒンドゥー教、仏教

悪魔とされた高位の神々

インド神話における悪魔的存在で、神々の敵対者とされる。特定の悪魔の固有名詞ではなく種族名。インド神話の前段階であるバラモン教時代には高位の神々だったが、後期段階であるヒンドゥー教時代に入ると諸悪魔とされた。こののち仏教と融合した密教が成立すると、仏法を守る阿修羅として1柱の神と見なされるようになった。

三面六臂

３つの顔と６本の腕のこと。阿修羅の仏像はこの形態でつくられることが多い。日本では興福寺（奈良県）の阿修羅像がよく知られる。何人分ものはたらきをすることを「三面六臂の活躍」と表現する。

帝釈天

インド神話の雷神インドラが仏教に取り込まれた姿。阿修羅と対立し、激しく争い続けた。凄惨な戦いの現場を「修羅場」と呼ぶのはこの闘争に由来する。

インド神話の中心的な神々だったアスラ

アスラとはインド神話における悪魔であり、個体名ではなく種族名である。しかし、悪魔と断言してしまうのは早計と言える。なぜなら、アスラが悪魔と見なされたのは結果的な話で、もともとは高位の神々だったからだ。

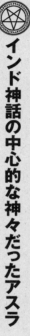

アスラが悪魔となった過程には、インドの宗教の変遷が関係している。インド神話の起源は『リグ・ヴェーダ』をはじめとするヴェーダ文献。これは現在のインド北西部に当たるパンジャーブ地方を拠点としたインド・アーリア人の宗教バラモン教の経典である。ヴェーダ文献に登場するアスラ神族の司法神ヴァルナや契約神ミトラは、多くの讃歌を捧げられる中心的神格だった。

しかし、司祭階級のバラモンに権力が集中し過ぎたため反対運動が起こり、バラモン教は衰退。これと同時にインド土着のドラヴィダ人の文化をつぐ宗教ヒンドゥー教が隆盛し、経典『ヴィシュヌ・プラーナ』などのプラーナ文献によって、ヴィシュヌやシヴァらインドの土着神が中心的神格となった。ヒンドゥー教はバラモン教を否定せず部分的に取り込みながら神話を発展させたため、アスラはインド土着神の引き立て役、敵役とされたのである。

アスラという種族から阿修羅というひとりの仏に

プラーナ文献の創世神話「乳海攪拌《にゅうかいかくはん》」では、ヴィシュヌらが属するデーヴァ神族がアスラとともに不死の霊薬アムリタをつくるために協力して海を攪拌しており、単純な敵対関係ではないことがわかる。しかしアスラはアムリタを与えられず、アムリタを横取りしたアスラのひとりラーフはヴィシュヌに首を切られるなど、扱いに差がつけられていることも確かだ。プラーナ文献の段階では、蛇の体を持つヴリトラの脅威が強調されたり、シヴァの破壊欲からうまれたジャランダラが登場したりして、アスラは悪魔的な性格を強めていった。

このインドでは仏教が信仰を集めるが、4世紀に成立したグプタ朝がヒンドゥー教を保護したため、仏教はヒンドゥー教との融和をはかる。こうして誕生したのが密教だ。密教においてアスラは、仏法を守るために戦う阿修羅という1尊の仏となり、仏教に帰依したヒンドゥー教の神のひとりとして扱われた。これが中国を経由して、日本でも広く知られる仏となったのである。

Yaksa
ヤクシャ

別名 夜叉、薬叉、ヤクシニーなど

種族 鬼・守護神

役割 クヴェーラの従者

出典 『ディーガニカーヤ』『大日経疏』など

宗教 バラモン教、ヒンドゥー教、ジャイナ教、仏教

本来は善良な精霊だった

創造神ブラフマーが最初にうみ出した超自然的存在。飢えてブラフマーを食べようとしたが、ブラフマーに叱られると言うことを聞いておとなしくなった。父を食べようとしたことから血肉を食らう悪霊とされるが、本来は善良な精霊で、樹木や山河に宿る。財宝神クヴェーラに従い、宝を守ることが使命。仏教に融和すると、仏法を守る夜叉となった。

八部衆

仏法を守る8尊の神で、メンバーは元ヒンドゥー教の神など。夜叉のほか阿修羅[→P128]や龍などが属するが、メンバーには諸説ある。

吉祥果

ヤクシニー（＝ヤクシャの女性形）のひとりハーリティーが仏教に取り込まれた姿である鬼子母神が手にしている果実。ザクロともいわれ、粒が詰まった様子が多産の象徴といわれる。

創造神が最初につくった「未完成品」

ヤクシャとは、古代インドで使用されたサンスクリット語で「超自然的存在」を意味するという。男女の区別があり、女性のヤクシャはヤクシニーと呼ばれる。インド神話の創造神ブラフマーが目覚めて最初に足からうみ出したとされるが、あまりにも初期の作品なので未完成品だった。

このため、未熟なヤクシャはまだ何もない世界で飢えてしまうと、躊躇せずブラフマーを食べようとした。しかし、叱られて罪深いことだと理解するとおとなしくなったと伝わる。この時、それでもなおブラフマーを食べようとしたものは血気盛んなラークシャサ（仏教の羅刹）〔→P136〕となった。

ブラフマーを食べようとしたことから、ヤクシャは血肉を貪る餓鬼のような悪鬼や悪霊とされることもある。しかしブラフマーとの神話からもわかるとおり本来は素直で善良な精霊で、森林や山河などの自然豊かな場所に住む。ヤクシャが悪霊とされた理由には、インド神話の原型をつくったインド・アーリア人が、対立する民族ドラヴィダ人を投影したからという説がある。

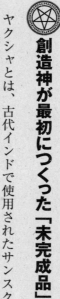

インド神話を彩るヤクシャの物語

ヤクシャのおもな使命は、財宝神クヴェーラの宝の警備だ。実はこのクヴェーラももともとはヤクシャで、ヤクシャやラークシャサなどの邪悪な存在を統べる王だった。しかし数千年にわたって修行に励んだため、ブラフマーから神と認められ、不死の命と財宝を与えられたのである。

邪悪な存在から神聖な存在に変わったといえば、ヤクシニーのひとりハーリティーもあげられる。ハーリティーは500人ともいわれる子だくさんの母親で、自分の子どもを育てるために人間の子どもを食べて養分にしていた。これを見かねた釈迦がハーリティーの末の子どもを隠してしまうと、ハーリティーは嘆き悲しむ。そこに釈迦が現れて、「子どもを失った悲しみは誰でも同じ」と諭したため、ハーリティーは反省して改心した。この態度を釈迦に認められ、ハーリティーは仏教で子どもと出産の女神である鬼子母神になったのだ。

仏教と融合すると、クヴェーラは毘沙門天に転じた。ヤクシャは夜叉となり、毘沙門天に従って仏法を守る神族とされている。

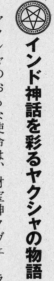

ラークシャサ

Raksasa

別名 羅刹、羅刹女、ラークシャシー、速疾鬼など

種族 鬼・守護神
役割 仏法の守護者
出典 『ラーマーヤナ』、『マハーバーラタ』など
宗教 インド神話、仏教

破壊の力あふれる仏法の守護神

ラークシャサは仏教において仏法を守るとされる「天」に属する尊格で、武神毘沙門天に従う種族名である。十二天に数えられ、西南を守護するという。カテゴリーこそ神だが、破壊や戦闘を司る恐ろしい力を持ち、地獄で死者に責め苦を与えるとも考えられたことから魔物と同じ扱いをされる場合も多い。

源流はインド神話の創造神ブラフマーが最初につくった超自然的存在。飢えてブラフマーを食べようとした時に、叱られておとなしくなったものがヤクシャ［→P132］、暴れ続けたものがラークシャサになったといわれ、このラークシャサの音写が羅刹である。また、ラークシャサとは古代インドの言語サン

スクリット語で〝守護する〟という意味があり、異伝ではブラフマーが川をつくった時にラークシャサもつくり、川の守り手にしたという。男女の区別があり、女性はラークシャシーと呼ばれた。

ラークシャサを統べる王が、羅刹王とも呼ばれるラーヴァナである。二大叙事詩『ラーマーヤナ』と『マハーバーラタ』によれば、ラーヴァナは10の顔と20の腕を持ち、山のように大きい巨人だという。現在のスリランカとされるランカー島に住んだ。千年もの修行に励み、自らの頭を切り取って火にくべるという荒行に臨んだことがブラフマーに認められ、この世のほとんどの種族に負けない力を得る。しかし人間と猿を軽んじており、これらを負けない種族に入れなかったことが命取りとなった。人間の王子ラーマの妻であるシーターを誘拐したため、ラーマに戦いを挑まれて倒されてしまったのだ。

ラーマの正体は世界を維持する神ヴィシュヌであり、もともとラーヴァナを危険視していた。しかし神のままではラーヴァナを倒せないので、人間に転生して戦ったのである。『ラーマーヤナ』のラスボスといえるラーヴァナだが、人間という思いがけない弱点を持っている点も実にボスキャラらしい。

マーラ

Mara

別名 カーママーラ、魔羅、第六天魔王など

種族 悪魔
役割 人間の内なる悪の具現化
出典 『ディヴィヤアバダーナ』、『ジャータカマーラー』など
宗教 仏教

釈迦の修行を3度も妨害した煩悩の塊

仏教の目的は「悟りを開くこと」であり、これを実践したのが仏教開祖、釈迦（本名はゴータマ・シッダルタ。シャカ族の王子であったことから釈迦と呼ばれる）である。そして、修行に励む釈迦を妨害した悪魔が煩悩の化身マーラだった。悟りを開くには欲を捨てる必要があるが、マーラは人間の内にある悪の具現化なので、悟りを開く者が現れると自身の存在が危うくなるのだ。

釈迦が瞑想をはじめると、マーラはまず釈迦に従兄弟のダイバダッタが王位に就いたと告げて動揺を誘った。ところが釈迦はまったく動じない。今度は嵐を呼び、雨だけでなく槍や刀や矢まで叩きつけた。それでも釈迦が動じないの

を見たマーラは、自らの三人の娘〝不満〟、〝楽しみ〟、〝渇き〟を送り込んで誘惑させた。しかし結局、釈迦は3度妨害されても動じず、悟りを開いて「マーラは征服された」と告げたのだった。

いかにも悪魔といった役まわりのマーラが象徴する悪しき心の中でも、代表的なものが「四魔」である。すなわち「108の煩悩による煩悩魔」、「心身の均衡が狂う陰魔」、「死の恐怖による死魔」、そして「修行を妨げる他化自在天魔」だ。他化自在天とは、仏教の世界観のひとつ。仏教では世界を六道という6ランクに分け、最上位の天上界はさらに細かくランク分けされる。このうち下位の6天は欲と縁が切れていないため、六欲天と呼ばれる。この六欲天の最上位が他化自在天で、他人の修行の成果を奪うという。第六の天であることから第六天とも称され、このためマーラは「第六天魔王」という異名を持つ。

マーラは漢字で「魔羅」と音写されるが、〝魔〟のみでもマーラを意味する。実は〝魔〟という漢字自体がマーラを指すのだ。日本では煩悩の原因となる男性器を隠語で魔羅と呼ぶ伝統があり、ゲーム『女神転生』『ペルソナ』シリーズに登場するマーラも一貫して男性器を連想させるデザインになっている。

アポピス

Apophis

別名 アアペプ、アペプなど

種族 悪魔
役割 太陽神ラーの宿敵
出典 『死者の書』『棺の書』など
宗教 エジプト神話

蛇の邪神であり太陽神ラーの敵対者

名前の意味は「巨人」。その名の通り、およそ26メートル（または16メートル）という巨体を持つエジプトの邪神。蛇姿の邪神であり、象形文字でも波打つ蛇の形で描かれている。のちに彼の姿がキリスト教圏に渡った際、アポピスはデヴィルのイメージともなった。

エジプト神話によると、アポピスは「原初の水ヌン」から誕生した神のひとりだ。太陽神ラーと同じく古代の神ながら邪悪な性格であり、世界を混沌へ陥れようと画策した。さらにラーに楯突く存在となり、やがてエジプトの神々の敵対者となったのである。

ラーには、毎日船に乗って太陽を王国全土に運ぶという大事な使命がある。その任務を邪魔するのがこのアポピスだ。彼はその巨体でとぐろを巻いて船を座礁させ、船の進行を邪魔しようとするなど、幾度もラーの前に立ちふさがる。彼がラーの船を飲み込むと太陽が削られていく……つまり、「日食」もまたアポピスによって引き起こされると信じられ、恐れられていた。さらに死者がラーと旅立つ夜の航海にも彼は現れる。人は死ぬと、カー（生命）とバー（魂）になりラーの船に乗って旅に出ることになるのだが、西方の山で船を待ち受けるのがアポピスだ。死後の旅について描かれた『死者の書』には、アポピスの厄災を避ける呪文も書かれている。

神と人々の宿敵であるアポピスだが最強の存在という訳ではなく、多くの神に殺される様子を描いた壁画が残されている。中でも暴風の神セトは、神々の先頭に立ってアポピスを刺し殺す。しかし、のちにセトが悪神として変化すると、アポピスとセトは同一神として見られるようになった。

このように幾度も神に殺される運命を持つアポピスだが、彼は必ず蘇る。善を司るラーに対抗する絶対悪として、彼は決して死なない邪神なのである。

イフリート

Ifreet

別名 ジン、イブリスなど

種族 精霊、魔神
役割 人を惑わす悪の精霊
出典 『コーラン』『千夜一夜物語』など
宗教 アラビアの民間信仰、イスラーム教

アラビアの精霊であり悪霊

イスラーム教成立前、アラビアで信じられていた超自然的存在の精霊ジン。いたずら好きの精霊という存在だったが、イスラーム教の布教とともに悪霊化することとなる。中でもイフリートは最初のジンのひとりで首領でもある。『コーラン』や『千夜一夜物語』などにも登場し、のちの物語でもさまざまなキャラクターのモデルにされた。

『コーラン』

イスラーム教の聖典で、『クルアーン』とも呼ばれる。アッラーの啓示がまとめられたイスラーム教徒の指針であり、預言者ムハンマドの死後に今の形へとまとめられたとされる。中には魔神ジン（イフリート）を取りあげた章も存在し、唯一神のアッラーが魔神であるジンを説き伏せ、ムスリムに帰依させるという説話となっている。

古代の精霊はイスラーム教によって魔神へ

イフリートとは、アラビア半島で古くから信じられている魔神ジンの一種。煙のない火から誕生した彼らは、魔法のような力で人の願いを叶えたり、時には意地悪もする。不死ではないが長寿を誇り、さまざまなものに姿を変える能力を持っていた。ソロモン王［→P158］に使役されていたという伝説も残っており、王の玉座を奪おうとして罰せられるなど、いたずら好きの精霊である。そんな民間伝承の中に生き続けていたイフリートだが、中東にイスラーム教が浸透した時から、悪魔へと変貌することとなる。

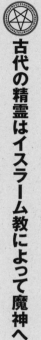

イスラーム教の聖典『コーラン』によるとイフリートは「イブリス」と呼ばれ、アダムとイブよりも2000年も昔につくられた天使だった。神に「アダムに跪拝《きはい》するように」と命じられたイブリスはこれに反抗。怒った神により、イブリスとその仲間は堕天し、悪魔や悪霊となったのである。

このように『コーラン』にはしばしばジン（イフリート）が登場する。恐ろしい存在だが、『コーラン』を聞いて改心することもあり、絶対悪という存在ではないようだ。しかし食前の祈りを忘れた人間の食べ物を奪う、市場に最後まで残った人間に取り憑くなど、気を抜いてはならない相手とされている。

魔神ながら親しまれる存在

イフリートは物語にも多く登場する。最も有名なのが『千夜一夜物語（アラビアンナイト）』だろう。王妃が語る寝物語の中に登場する『アラジンと魔法のランプ』では、貧乏な青年が魔法使いの罠に落ち、洞窟の中で古いランプを手に入れる。その中から魔神が現れ、なんでも願いを叶えると言う。その力で彼は大金持ちとなるが、魔法使いによって魔法のランプを奪われ……という筋書きで、ここに登場する魔神こそ、イフリートだという。この物語はディズニーのアニメーション映画『アラジン』にも用いられ、イフリートの怖いイメージとはかけ離れたコミカルな魔神ジーニーは一躍人気者となった。

中東ではイフリートの存在が今でも信じられており、イフリートの血を引くと主張する一族が存在したり、実際に見たという報告も数多い。現代に根強く残り続ける悪霊であり精霊、それがイフリートである。

アンラ・マンユ

Angra Mainyu

別名 アフリマン、アーリマンなど

種族 破壊神
役割 世界を破壊する存在
出典 『アヴェスター』
宗教 ゾロアスター教

ゾロアスター教の破壊神

名前の由来は破壊的を意味する「アンラ」と、霊魂を意味する「マンユ」が組み合わさったもの。その名の通り、彼は古代イランのゾロアスター教における最強の破壊神であり悪の源だ。もともとは砂漠の精霊だったが、ゾロアスター教に吸収される際、善の神に対立する悪の神となった。

古い時代の言い伝えによると、古の神アフラ・マズダが光の神スプンタ・マンユ、そして闇の神アンラ・マンユという2神をうみ出した。生命を司るスプンタと死を司るアンラは、宇宙の覇権をめぐって戦いはじめる。その戦いは数千年にも及び、「救済者」の登場によってアンラ・マンユは何度も倒されることなる……。しかしこの古い伝承はゾロアスターの成熟とともに失われ、光の神に対立する闇の神という筋書きだけが残された。

アンラ・マンユは善の神と戦うだけでなく人間の祖先を誘惑し堕落させようとしたり、数多くの病気や、敵意、憤怒といった悪霊をうみ出した。彼はそれらを世界に送り込み、善の神と永遠に戦い続けるのである。人間の住む世界に貧困や飢餓、天災といった苦しみが絶えないのは、未だにこの世界がアンラ・マンユによって支配されているためだと考えられていた。

また、ゾロアスター教の地獄は、アンラ・マンユがつくったといわれている。善の神と戦っていた彼は空を裂いて夜をうみ出し、地球に大穴を開けたというのだ。その穴の底には地獄が広がり、悪霊や邪神などが有象無象がはびこっている。人は罪を犯すと最後の審判のあとに地獄に落ち、悪霊たちによって永久的にいたぶられる羽目になる。

善と邪、光と闇などの対局する神は、のちのユダヤ・キリスト教に影響を与え、神に対抗する「悪魔」、そして悪魔の王サタン［→P48］という存在がうみ出されることになった。

ドゥルジ

Druj

別名　ドゥルジ・ナスなど

種族　邪神
役割　神の敵対者である女神
出典　『ウィーデーウ・ダート』
宗教　ゾロアスター教

ハエに姿を変える悪の女神

ゾロアスター教における悪の女神ドゥルジ。堕落や腐敗、不浄、疫病を表す悪魔であり、正義と真実を司る善の神アシャの敵対者でもある。前期ゾロアスター教ではただの邪神だったが、後期になると彼女は死の汚れを司る悪神へと姿を変えていく。ゾロアスター教の法典『ウィーデーウ・ダート』でもドゥルジは死体に取り憑く悪魔として紹介された。

死と疫病を司る彼女は不浄を好むことから、ハエの姿で描かれることが多い。その場合の彼女は「ドゥルジ・ナス」と呼ばれるが、このナスとは死体の意味でドゥルジ・ナスは人間の死体を好むという。死体を見つけると穴という穴から忍び込んで疫病を広げると恐れられていた。

ゾロアスター教では、人間は最後の審判のあと、天国か地獄に振り分けられる。恐ろしい地獄で人間を待ち受けるのがドゥルジを含む悪の神々。ドゥルジは普段、地獄の入り口にある洞窟で暮らしているが、死体の香りを嗅ぎつけると人間界に現れるといわれている。

ゾロアスター教では人が死ぬとダフマと呼ばれる屋根のない家屋に遺体を置き、ハゲワシなどの猛禽類に突かせる鳥葬が行われてきた。残酷に思えるが、これはドゥルジが苦手とする猛禽類を使って遺体を守る悪魔祓いのひとつ。この方法は現代でも一部地域で行われている。これ以外にも、犬に睨ませる、9日間の清めの儀式を行うなどがドゥルジ対策として信じられており、彼女が古くから人々に恐れられていたことがわかる。

死と汚れを司り、ゾロアスター教徒を恐れさせてきた女悪魔、ドゥルジ。しかし後世では蠱惑的な雰囲気を持つ女悪魔としてデザインされ、ゲームなどに取りあげられるようになる。皮肉なことにゾロアスターの神としては善の神よりも登場回数が多い存在となった。

ヤルダバオト

Jaldabaoth

別名 デミウルゴスなど

種族 偽物の神
役割 グノーシス主義の創造神
出典 『ナグ・ハマディ写本』
宗教 グノーシス主義

現在の世界を支配する「偽の神」

この世界をつくりあげた悪神、それこそがヤルダバオトである……そんな説を唱えたのは、グノーシス主義の人々。グノーシス主義とは、2～3世紀に東地中海で流行した思想及び宗教運動である。

グノーシス主義の人々は、この世界の外に崇高な至高神が存在していると信じていた。至高神はアイオーンという神々をうんだが、そのうちのひとり、ヤルダバオトが堕天し別の世界をつくりあげた。つまり、今我々の住む宇宙を含めた世界すべては、邪神ヤルダバオトによってつくられた牢獄のような世界だとグノーシス主義者は考えたのである。

人間の住む宇宙には7つの天があり、ヤルダバオトの配下である神アルコーンが見張っている。グノーシス主義の人々からすれば、世界の創造主（キリスト教でいうところのヤハウェ）は、人間をこの世界に縛りつける邪悪な存在。「人間は世界の外側に出てはじめて救済される」とグノーシス主義者は説く。

またグノーシス主義者は、人間はすぐに滅んでしまう「肉体」と「魂」、そして永遠に滅ばない「霊」を持つと信じていた。霊だけは至高神によってつくられたものであるとされる。至高神の知恵、すなわちグノーシスを手に入れることで不浄な肉体から霊が解放され、至高の神のいる世界に飛び立つことができると信じられていたのだ。

キリスト教の唯一神さえ否定するこの考えは、キリスト教の教義を揺るがした。新約聖書に登場する、使徒ペトロと戦った魔術師シモン・マグスもこのグノーシス派の魔術師だったといわれている。

そんなグノーシス派の考えはのちにヘルメス主義、錬金術などにも大きな影響を与え、さらに悪魔信仰の拠りどころとしても信仰されるなど、その名は現代にまで息づいている。

Tezcatlipoca

テスカトリポカ

別名 テペヨロトル など

種族 神
役割 創造神
宗教 アステカ神話

アステカの重要な神の1柱

アステカ帝国では偉大な神の1柱。地下から天上まで支配し、人々に罪を与えることも富を与えることもできた。しかしアステカ帝国がスペインによって支配されキリスト教が入ると彼は悪神へと姿を変えることとなる。別の伝承では太陽神ケツァルコアトルのライバル神であり、彼らは何度も戦い世界の支配権を奪い合うという神話が残されている。

ジャガー

南米のネコ科肉食獣として知られるジャガー。ハンターとしても知られるこの生き物は、アステカにも生息し、古くからアステカの人々に畏怖されていたようだ。テスカトリポカはケツァルコアトルと戦う時ジャガーに変身したと信じられており、変身後の彼は「テペヨロトル」と呼ばれる。

アステカで信じられていた古の神

かつてメキシコを中心に、独自の文化を築きあげたアステカ帝国。帝国の神話や風俗は、スペインによるアステカ帝国征服によって失われてしまった。海を渡って現れたスペイン人の一行を、アステカ帝国がおとなしく受け入れた理由のひとつとして「農業神ケツァルコアトル神が地上に戻ってきた」とアステカ人が信じたから……という説がある。かつてライバル神によって追い払われたケツァルコアトル神がこの時期にアステカに舞い戻り、再びこの世界を支配すると信じられていたようだ。

アステカ人が再来を待ち望んでいたケツァルコアトル。そんな彼を追い払ったライバル神こそ、テスカトリポカだ。詳細についてはスペインの征服によって失われてしまったが、アステカの宗教をまとめた文書によると、テスカトリポカは地上、天上、地下まで支配した神だったという。破壊と再生の神であり、その荒々しさから戦士の信仰を集めた神である。その姿は腰巻姿で火打ち石をモチーフにした飾りを頭につけ、手には呪術や予言を行う黒曜石でつくられた鏡を持つ。名前の由来は「煙る鏡」で、呪術に関わりの深い神でもある。

創世神話では、大地の太陽を支配するテスカトリポカと風の太陽を支配するケツァルコアトルが、宇宙の支配権を争った。この時テスカトリポカは南米でも最強の大型肉食獣、ジャガーに姿を変えて戦ったとされる。彼はアステカ神話の重要な神、ケツァルコアトルと並ぶほどの神だったのである。

悪神へとうまれ変わる太陽神

しかしそんな偉大な神も、西洋人による征服によって「悪神」へと姿を変えた。当時のアステカ帝国では生贄の文化が盛んであり、この文化はテスカトリポカへの捧げものとしてはじまったといわれている。選ばれた生贄はテスカトリポカの神殿で心臓をくり抜かれ捧げられた。

キリスト教徒からするとこの文化があまりにも凶悪過ぎたため、神殿は破壊された。そしてテスカトリポカは黄泉の国の王となり悪魔や魔女を支配する存在となった。そして疫病を流行らせ、悪魔が好むという十字路で人々を待ち伏せるなどの悪魔的なエピソードが追加されていくのである。

『ボルジア絵文書』に描かれたテスカトリポカの姿

5章 悪魔との契約者と魔術師

Solomon

ソロモン

国 古代イスラエル王国

生没年 紀元前1011年頃～前931年頃

役職 王

神の恩恵を受けた稀代の天才魔術師

王として優れた手腕を持ち、内政だけでなく外交にも力を入れ、古代イスラエルを平和で豊かな国へと導いた偉大な王。神から最上の知恵と富、悪魔や精霊を駆使する「ソロモンの指輪」を与えられ、数々の伝説を残していることから、西洋魔術界の始祖と崇められる。晩年は、享楽に溺れ堕落してしまうが、魔術・錬金術・オカルト界での人気は高い。

ソロモンの指輪

ソロモンは神から授かった指輪で、すべての悪魔を従えられるようになったという伝説を持つ。この指輪には悪魔を支配下に置く紋章がついている。代表的な魔導書のひとつ『ソロモン王の遺言』には、ソロモンが指輪を使って悪魔たちに命令し、驚くべきスピードで神殿をつくらせた逸話が記されている。

神から世界最高の英知と財産を与えられたイスラエルの王

「ソロモン」という名前は聞いたことはあっても、具体的にどんな功績を残したのかを知る人は少ないだろう。ソロモンは、ミケランジェロ作の「ダビデ像」で知られる古代イスラエル王ダビデの息子にうまれ、紀元前10世紀頃に古代イスラエルの最盛期を築いたとされる人物だ。ソロモンについて書かれた最古の書物は旧約聖書の『列王記』。その中でソロモンは、神から偉大な知恵・知力・比類なき富を与えられた伝説の王と記されている。

神の大きな恩恵を受け、稀代の賢人として名を馳せたソロモン。ほかの人間をはるかにしのぐ知識を持つという噂は国内にとどまらず、噂の真偽を確かめようと、エジプトのシバの女王がソロモンのもとにわざわざ訪れたほどだった。シバの女王はソロモンに数々の難題を投げかけたが、彼はすべての質問に的確に答えてみせたと伝わる。

西洋魔術に与えたソロモンの多大な影響とは?

ソロモンの知識は魔術にも及び、その結果、西洋魔術世界の師として崇められる存在となった。1世紀のユダヤ人歴史家ヨハネスによると、ソロモンは1500の頌歌や詩、3000の寓話や本を書いたという。そのひとつが、悪魔や魔術関連をまとめた『ソロモン王の遺言』だ。これは1~5世紀の間にギリシャ語で書かれ、ソロモンが力を失い衰退するまでのストーリーが描かれた宗教本だ。しかしながら、人々の戒めとなる部分は見落とされ、中世ヨーロッパの人々には、ソロモンが使う魔術のみが魅力的に見えていた。

1450年にうまれた活版印刷によって書物の大量印刷がはじまると、ソロモンにまつわる魔導書は大流行した。世界中の精霊を召喚して願いを叶える方法、そのための道具のつくり方や、呪文などの魔術をまとめた『ソロモンの鍵』、ソロモンが使役していた72柱の悪魔の詳細を綴った『レメゲトン』などが、後世の人々の手によって出版された。

中世ヨーロッパに大きな影響を与えたソロモンは、現代でも小説や映画の題材に使われるなど、大きな人気を誇っている。最近では、ゲーム『Fateシリーズ』で魔術王として登場している。

Judah

イスカリオテのユダ

別名 裏切り者のユダなど

国 ユダヤ地区
生没年 ?～紀元後30年頃
役職 イエスの弟子

悪魔に心を渡し、神の子を裏切った弟子

ユダは新約聖書などに出てくるイエスの12人の弟子のうちのひとりで、「イスカリオテのシモンの子ユダ」といわれる人物だ。レオナルド・ダ・ヴィンチの名画「最後の晩餐」にも描かれた、イエスを裏切った人物と聞けば、すぐにピンと来るだろう。

もともとユダは、弟子たちの中で会計係を任されるほどのしっかり者だったが、たびたび不正を働く不届き者でもあった。ある日、ユダは祭司長たちに、報酬と引き換えにイエスを引き渡す話をもちかける。その結果、イエスは十字架にかけられ処刑されてしまうことになったのだ。

『ヨハネによる福音書』によると、最後の晩餐でイエスは「弟子たちのうちのひとりが自分を裏切ろうとしている」と予言している。イエスは、「今から葡萄酒に浸したパン切れを与える者が裏切り者だ」と弟子たちに伝え、それをユダに渡した。すると悪魔サタン［→P48］がユダの体内に入ったので、イエスはユダに向かって、「これからしようとしていることを、今すぐにしなさい」と言ったという。

この時のユダはサタンに支配されており、報酬欲しさに目がくらんでしまったと解釈するのが一般的だが、イエスはこの裏切りを神の教えとして捉えており、以前からユダが裏切ることを知っていたという説もある。なぜなら、ほかの弟子たちは、罪人となったイエスのことを「知らぬ存ぜぬ」で通したが、ユダはイエスの死後、自分の罪を後悔して銀貨を返金しようとした。そして後悔の末に首吊り自殺を遂げているのだ。自分第一の愚かな考えと、犯した罪を懺悔する心の美しさという相反するものを、イエスは身をもって教えようとしたのかもしれない。さまざまな解釈ができるユダのエピソードは、神の教えとは何なのかを、今でも私たちに問うているのだろう。

Theophilus Ⅱ

アダナのテオフィルス2世

国 ローマ
生没年 不明
役職 司祭者

人類史上はじめて悪魔と契約した人物

6世紀のローマの聖職者に、人類ではじめて悪魔と契約をした人物がいる。名をテオフィルスといい、シチリア北部のアダナという地方の教会で出納係を務める修道士であった。テオフィルスは大変謙虚な男で、司祭になるようまわりから推薦されるほどの人望もあった。しかし「自分には荷が重いから」と司祭職を断り、別の男がテオフィルスに代わって司祭に就任した。

ここまでなら神に仕える心優しい男の物語だが、この話には恐ろしい続きがある。新しい司祭が決まり、テオフィルスの希望も叶い、丸く収まったかと思いきや、司祭になった男はありもしない不正を吹聴してテオフィルスを追い詰

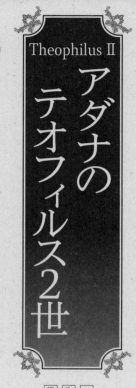

め、ついには失脚させてしまったのだ。

「呪術を使った」という嘘の告発で職を失ったテオフィルスは、自分の謙虚さを悔やんだ。そしてお人よしな過去の自分と別れ、司祭の男に報復を誓い、有名なユダヤ人の魔法使いを頼ることにした。そして魔法使いの男に、人気のない十字路でサタン［→P48］を呼び出してもらうと、テオフィルスは自身の命と引き換えに、司祭の座を手に入れるという契約に同意し、自分の血で契約書にサインをした。

その後、テオフィルスの潔白が証明され、司祭の男は教会を追放され、テオフィルスが次の司祭に就任した。司祭の男への復讐も自分の願いも叶ったテオフィルスだったが、悪魔との契約という罪を犯したことを後悔し、聖母マリアに助けを求め、絶えず祈りを捧げた。哀れに思ったマリアによって、神からの許しを得たテオフィルスは、サタンとの契約を破棄することができたのだ。

悪魔との契約書を燃やし、公衆の面前で自らが犯した罪を告白したテオフィルスは、その後、謙虚に平穏に暮らしたという。この物語は中世ヨーロッパで人気となり、長く人々を律する教訓のひとつになった。

Jean Faust

ヨハン・ファウスト

別名 ヨーハン・ファウストゥス、フォースタスなど

国 ドイツ

生没年 1488年？〜1538年？

役職 神学博士、医学博士、魔術学者、錬金術師

悪魔に魂を売った天才博士

「ファウスト伝説」の主人公。実在の錬金術師ヨーハン・ゲオルグ・ファウストがモデルだという。優れた神学博士だったが知識欲が抑えられず、悪魔メフィストフェレス［→P112］を召還。あらゆる願いを叶えてもらう代わりに、24年後に魂を引き渡す契約を交わした。そして悦楽に満ちた24年間を過ごしたのちに無残な最期を遂げる。

錬金術

金より質が劣る物質から金を変成することを目的とした化学技術。ゲームに登場するアイテムでおなじみの「賢者の石」や「錬金霊液（エリクシル、エリクサー）」は、その変成の触媒とされる概念上の物質である。残念ながら、実際に金への変成が証明された事例は存在しない。詐欺に使われることも多かったため、胡散臭いイメージを持たれがちだが、当時最先端の科学テクノロジーの研究をしていたことは確かで、産業や医学の発展に多大な貢献をした。

ドイツを席巻したファウスト博士の〝都市伝説〟

『ファウスト』といえば、ドイツの文豪ゲーテの手による戯曲がまず想起されるかもしれない。あらゆる学問を究めたヨハン・ファウスト博士が、さらなる知識を求めて悪魔メフィストフェレスと契約を結び、願いを叶えてもらう代わりに、魂を引き渡す約束をするという物語だ。

この戯曲『ファウスト』は、ドイツで人気を博した「民衆本」と呼ばれる娯楽小説本から着想を得た作品だが、実は民衆本オリジナルの物語ではない。〝元ネタ〟は16世紀のドイツでまことしやかにささやかれた、「ファウスト伝説」という口承の物語なのだ。人の口から口へと伝わって形成されていった点は、まさに都市伝説といえるだろう。

ただし、ファウストには実在のモデルがいるとされる。16世紀前半のドイツの錬金術師ヨーハン・ゲオルグ・ファウストだ。ファウストは神秘的な学問を好み、占星術や降霊術にものめり込んだという。性格は自己陶酔癖が強かったようで、最高の錬金術師を自称して周囲に呆れられることもあったらしい。

モデルとリンクする悲惨な死に様

さらに、実在のファウストは悪魔と契約し、魂を渡す約束をしたという。このような真偽不明の物語の断片が集まり、伝説のファウストが誕生したのだ。

伝説のファウストは頭脳明晰な神学博士という設定で、より深い知識を求めて悪魔メフィストを召還し、24年後に魂を引き渡す契約を結んだという。こうしてメフィストの協力を得たのちは、天国と地獄を見聞したりトロイアの美女ヘレネを我が物としたりして欲望を満たす日々を過ごす。そして24年が過ぎた日の真夜中、ファウストはメフィストに命を奪われた。その死に様は見るも無残で、壁一面が血に染まった居室には目玉と歯だけが残されており、肥溜めで発見された遺体は手足がバラバラだったという。

実は、実在のファウストも全身バラバラの怪死を遂げている。これは、錬金術の実験に失敗して爆発に巻き込まれたためのようだ。散々な最期を迎えたファウストだが、戯曲『ファウスト』ではかつての恋人グレッチェンの祈りによって魂を天上に導かれるという、救いのある幕引きとなっている。

ハインリヒ・コルネリウス・アグリッパ

Heinrich Cornelius Agrippa

国 ドイツ
生没年 1486年～1535年
役職 医師、魔術師、哲学者、錬金術師、神学者など

ゲーテの戯曲『ファウスト』のモデルのひとり

ヨーロッパ中を虜にしたゲーテの代表作『ファウスト』は、あらゆる学問を究め尽くした学者が、さらなる力や幸運を求めて悪魔と契約を交わすという物語である。主人公のファウスト［→P166］のモデルのひとりが、医師・錬金術師・哲学者・占星術師など、さまざまな分野に精通したアグリッパだ。本名はハインリヒ・コルネリウス・アグリッパ・フォン・ネッテスハイム。アグリッパもまた、悪魔と契約を交わした人物といわれている。

大学卒業後、神聖ローマ帝国の皇帝マクシミリアン1世に軍人として仕える傍ら、知的好奇心の塊だったアグリッパは、特に神秘学に熱中した。『ヘルメ

ス文書』をはじめとする哲学書や魔術書を広く読み、天界魔術・カバラ魔術・数秘術・ヘルメス主義などを学び、不滅の名作『オカルト哲学』を世に出した。この本は、諸説ある魔術や伝承を広くカバーした概説書で、魔術は神や自然を理解するための手段であると説明し、魔術の擁護を目的としていた。

しかしこの本には、古代から伝わる悪魔をすべて列挙し、その特徴を記したり、よい霊を呼びだして悪い霊に打ち勝つ方法なども記載されていた。そのため当時の人々は、この本を読んでも、黒魔術との原理的なちがいがわからなかったことから、邪悪な本と見なして非難した。またアグリッパ自身についても、悪魔の知識が豊富で、魔術に精通している悪い魔術師と認識されるようになり、「悪魔を崇拝している」と見なされて、後ろ指を指されるようになった。

いつの世でも、噂とは勝手に広がるものであるが、1535年にアグリッパが亡くなる頃には、「彼は黒魔術師であり、飼っていた黒い犬は使い魔であった」という話までうまれた。『ファウスト』の中で、ファウスト博士が黒い犬を飼っている設定は、この噂がもとになっているといわれている。ささいなエピソードだが、アグリッパが世間に与えた影響力の大きさが伺えるだろう。

コラン・ド・プランシー

Collin de Plancy

国 フランス
生没年 1794年〜1881年?
役職 文筆家

『地獄の辞典』で悪魔のイメージを決定づけた

19世紀のフランスに、今に続く悪魔のイメージを決定的なものとしたオカルト本がある。本の名は『地獄の辞典』。19世紀の怪奇趣味のブームに乗って、何度も重版された大ベストセラーだ。この本を書いたのは、コラン・ド・プランシー。わずか20代でこの大ヒット作をうみ出した。

神秘主義や魔術、迷信といったことに興味があったプランシーは、教職を辞めて文筆家に転身。複数のペンネームを使って、魔術・錬金術・呪術・占いなど、幅広い分野の本を何冊も手掛けた。

『地獄の辞典』は、プランシーが集めた古今東西のあらゆる幽霊・妖怪・悪魔・妖精、これらが関係する事件や迷信を、辞典形式で解説したものだ。膨大な項目によって、オカルト的な内容を広く網羅しているが、プランシー自身は学者ではなかったため、私的な解釈や誤認が多く見られるうえに、反教権主義だったためカトリック教に対する過激な記述も見られた。膨大な項目数でオカルト的な内容を広く網羅していたため、『地獄の辞典』は絶大な人気を獲得。同年代に活躍した小説家ヴィクトル・ユーゴーは、『ノートルダム・ド・パリ』を著した際、『地獄の辞典』を参考にしたといわれている。

プランシーは『地獄の辞典』出版後に、不動産業で失敗してベルギーへ移住。7年後にフランスに戻ってくると、それまでの反教権主義っぷりが180度変わり、徹底したカトリック教徒になったと伝わる。この7年間にプランシーの人生観を変えてしまうような衝撃的なできごとがあったと想像できる。

しかし、プランシーの根本にあるオカルト好きは変わることがなく、『地獄の辞典』は改訂を全4回も行っている。その度に加筆・修正されたわけだが、生涯にわたってこの1冊を大事に育んだプランシーは、純粋に悪魔や魔術に魅了され、人生を捧げてしまった人間のひとりといえるだろう。

ヘルメス・トリスメギストス

Hermes Trismegistus

国 古代エジプト
生没年 不明
役職 錬金術師

錬金術の祖でヘルメス主義の原型をつくった

漫画『鋼の錬金術師』で、日本でも一躍有名になった錬金術。ある物質から別の物質をつくり出す学問で、中世ヨーロッパでブームになった当初は、卑金属を金属、中でも金に変換することを目的としていた。この疑わしくも夢のある学問の起源は、古代エジプトまでさかのぼることができる。

錬金術の始祖と言われるのが、古代エジプトの魔術師ヘルメス・トリスメギストスだ。ヘルメス・トリスメギストスとは「三倍に偉大なヘルメス」という意味で、エジプト神のトート、ギリシャ神話のヘルメス、ローマ神話のメルクリウスと同一視されていたことに由来する（諸説あり）。そのため、ヘルメスは実在した人物だという説もあれば、神だという説もあり、実に謎が多い。一説によると、ヘルメスは3226年も生き、その間に36525冊もの本を書いたという、にわかに信じ難い伝説も残っている。

中世ヨーロッパでヘルメスが有名になったのは、錬金術の文献の中で最も権威があるとされる書物『エメラルド板』がきっかけだ。『エメラルド板』は、ギザのピラミッド内で眠っていたヘルメスのミイラの手に握られていたと伝わるテキストで、「万物が相互に影響を及ぼしているために、この世が成り立っている」という錬金術の極意が書かれていたらしい。しかし、大変抽象的な内容で、何通りもの解読の仕方があり、読む人々の頭を悩ませた。

12世紀に『エメラルド板』がアラビア語からラテン語に翻訳されてヨーロッパ中に広まると、何人もの錬金術師や学者が解釈を試みた。そして、錬金術を行う上での目的が、「金属の生成」から「生命原理の操作」へとシフトした。またヘルメスがまとめたとされる『ヘルメス文書』により、神秘的な世界観を説くヘルメス主義や新プラトン主義が大流行。ユダヤの神秘思想カバラも加わり、ヨーロッパのオカルトブームはますます加速した。

ジル・ド・レ

Gilles de Rais

国 フランス
生没年 1405年〜1440年
役職 元師

英雄から殺人者に堕ちた男爵

フランス貴族出身の男爵で、百年戦争で活躍したフランス王国軍の元帥。ジャンヌ・ダルクとともにイギリス軍と戦い、「オルレアン包囲戦」で勝利を勝ち取るなどの戦果を挙げた。しかし、ジャンヌの失墜・処刑後は英雄だった頃の面影はなくなり、堕落した生活に陥る。錬金術や黒魔術にハマり、少年殺人を繰り返し、最後は処刑された。

ジャン・ド・クラン

ジルの祖父のジャン・ド・クランは、一代でフランス随一の資産家にまで成りあがった実力者だった。自身の名声をあげるためには手段を選ばない性格で、レ家をさらに大きくさせるために、ジルに３度の政略結婚をさせた。しかし１度目と２度目の政略結婚は失敗に終わり、もうあとがないと思ったジャンは、なんと３度目に結婚相手を誘拐し、無理やり既成事実をつくって結婚させた。

残虐な祖父に育てられた幼少期

百年戦争でフランスを救った聖女ジャンヌ・ダルクの戦友でありながら、グリム童話の殺人鬼「青ひげ」のモデルともいわれるジル・ド・レ。本名はジル・ド・モンモランシー・ラヴァルという。フランス王をしのぐほどの大富豪といわれた貴族の家にうまれ、大変な野心家だった祖父のジャン・ド・クランのもとで育てられたため、ジルも欲望に忠実な一面のある青年に成長した。

軍人デビューすると、祖父のコネでフランス王シャルル7世に近づき、百年戦争の渦中へ。アンジュー公国軍の実働部隊の指揮官に就くと、次々と戦乱を勝ち抜いて一目置かれる存在になった。オルレアンの戦いでジャンヌ・ダルクが登場すると、神秘的なカリスマ性に魅了されてジャンヌのもとでともに戦い勝利。「救国の英雄」と称えられた。シャルル7世の戴冠式に出席した際にはフランス元帥に任命され、ジルは人生のピークを迎えた。

一気に転落した百年戦争の英雄

1429年、敵国のイングランドにジャンヌが捕まるという大事件が起こった。ジルたちは必死でジャンヌの救出を試みるも失敗。ジャンヌは魔女として裁かれ、火刑となって命を落とした。次いで、ジルを率いていた王室侍従長ラ・トレムイユが宮廷内での権力争いに負けるとジルも宮廷を追われ、さらに祖父の死も続いた。これらの不幸の連続が心のタガを外してしまったのか、ジルは自堕落な生活に陥り、豪遊と借金を繰り返すようになってしまった。

少年殺害で性的快感を覚えると、以降、部下に少年を誘拐させて、次々と凌辱・拷問・虐殺を楽しむように。さらにジルは降霊術にも興味を持ち、自称錬金術師のペテン師フランソワ・プレラティの指導のもと、黒魔術や錬金術にものめり込み、悪魔への生贄として多くの少年たちを痛めつけ、殺害したといわれている。

ジルの悪行に気づいた教会は、降霊術・少年殺人・男色の罪で告訴し、異端審問と世俗裁判を行った。裁判では罪状を裏づける根拠がなく、ジルは一旦すべての罪を否認。しかしそのすぐあとで自白し、聴衆の前で泣きながら罪を告白。1440年10月26日、ジルは絞首刑の上で火刑となった。

Nicolas Flamel

ニコラ・フラメル

国 フランス
生没年 1330年頃〜1418年
役職 錬金術師

伝説の「賢者の石」を創造したとされる錬金術師

中世ヨーロッパの錬金術師の先駆け的存在といえば、長年にわたる研究の末に黄金変成に成功し、莫大な遺産を築いたとされるニコラ・フラメルだろう。児童書『ハリー・ポッターと賢者の石』でも、伝説の「賢者の石」の創造に唯一成功した偉大な錬金術師として登場している。ニコラ・フラメルは14世紀のパリに実在した人物で、写学生の修業ののちに公証人として働いていた。

ある日、フラメルは『アブラハムの書』を持つ天使の夢を見た。しばらくすると、夢で見た本と同じような大きな本を抱えた男が店に訪れた。不思議な縁を感じたフラメルは迷わず本を購入。その本が錬金術書だったため、そこから錬金術修業をはじめた。

本の内容を自分なりに解読して研究に打ち込むこと20年余り。その間はまったくと言っていいほど成果が出なかった。そして著者がユダヤ人であることから、内容を解読するにはユダヤ教の神秘思想カバラを理解する必要があると考え、スペインにあるユダヤ教会を目指す旅に出た。その帰路に、カンシュというユダヤ人老師と出会い、めでたく『アブラハムの書』解読に協力してもらえることになるが、老師はパリに着く前に病死してしまった。

頼みの綱を失ったフラメルは、旅中にカンシュから教わった知識をもとに独学で『アブラハムの書』を解読した。そして、妻ペルネルの協力もあって、本に書かれていた「賢者の石」をつくりあげたという。

1382年、フラメル夫妻は半ポンドほどの水銀を純粋な銀に変えることに成功。その後も続けて2度の黄金変成を行い、莫大な財をなした。信仰心の厚かったフラメルは、パリに14の病院、3つの礼拝堂、7つの教会を設立。ペルネルが亡くなると、自身が身につけた錬金術の知識をまとめた『象形寓意図の書』を書き、後世の錬金術師たちの師と敬われるようになった。

Paracelsus

パラケルスス

別名 テオフラストゥス・ホーエンハイム、毒性学の父など

国 スイス
生没年 1493〜1541年
役職 錬金術師・医者

中世の医学界に大革命をもたらした男

パラケルスス（本名テオフラストゥス・ホーエンハイム）は、アグリッパ［→P170］と同年代に生き、同じように世間から非難された有名な錬金術師だ。スイスの医師の家にうまれたパラケルススは、9歳の時に鉱山医師の助手になり、スイスのバーゼル大学、イタリアのフェッラーラ大学で医学を学んだ。しかし当時の医学に失望し、ヨーロッパを転々としながら錬金術や占星術を学ぶ中、「錬金術の真の目的は、医学と融合させ、人間の健康に役立てること」と解釈して、現代医学に通じる治療法を施すようになった。

1526年にはバーゼル大学で医学教授として教鞭をふるったが、わずか数

年で大学を追い出されてしまう。その理由は、パラケルススの革新的な授業内容にあった。当時の医学は古典的な薬草による治療が常識だったが、パラケルススはそれを否定。錬金術（化学）を導入し、鉱物や化合物を薬として利用することを全面的に推奨したのだ。これは現在の「医療科学」のもととなる考え方で、革新的な思想に共感する少数派もいたが、多くの医師や薬剤師たちから非難された。パラケルススは再び旅に出て、亡くなるまで放浪を続けた。しかしその後も『奇跡の医書』をはじめとする医学関連の論文を多数執筆し、のちの医学界に大きな影響を与えた。

またパラケルススは、医師としてだけではなく、優秀な錬金術師や魔術師だと思われていたことが伺える数々の伝説を残している。有名なところでは、悪魔との知恵比べで勝った話や、小銭を金貨に変えた話、人工生命体「ホムンクルス」を生成した話などがあり、実にさまざまな面を持ち合わせた人物だ。

パラケルススの思想は、医学界のみならず、クリスチャン・ローゼンクロイツ［↓P184］薔薇十字団やフリーメーソンなどの秘密結社の成立にも影響を与えている。

Christian Rosenkreutz

クリスチャン・ローゼンクロイツ

国 ドイツ
生没年 1378～1484年
役職 錬金術師

謎の秘密結社「薔薇十字団」を創設した錬金術師

　クリスチャン・ローゼンクロイツは、秘密結社「薔薇十字団」を創設したとされる伝説上の錬金術師だ。彼の生涯は、17世紀初頭に出版された薔薇十字団の基本文書『薔薇十字団の伝説』などで明らかにされた。

　それらの文書によると、ローゼンクロイツは1378年、ドイツの没落貴族の家にうまれた。16歳の時にエルサレム巡礼の旅に出立。その旅の途中、アラビアの賢者たちが奇跡を起こすという噂を聞いた。彼はアラビア半島イエメンのダムカルを訪れ、3年かけてアラビア語、数学などを習得。今度はモロッコのフェズに向かい、2年間、賢者たちから秘密の知識を学んだ。

多くの知識を得てドイツに帰国したローゼンクロイツは、7人の同志とともに「聖霊の家」を建設。ここに薔薇十字団を結成した。教団の目的は、錬金術や魔術をもとにした普遍的原理により、世界を啓蒙・変革することだ。

ローゼンクロイツが亡くなった際、その死は秘密とされた。ところが1606年、第3世代の教団員が聖霊の家に「私は120年後に発見されるだろう」と記された隠し戸があることを発見。扉を開くと、地下埋葬所にローゼンクロイツの遺体が、腐りもせず無傷の状態で安置されていたという。

以上がローゼンクロイツの伝説だが、彼や薔薇十字団の実在性は定かではない。冒頭に紹介した文書によって教団の存在が紹介されると、科学革命が起こっていた17世紀ヨーロッパで爆発的に流行した。そして多くの人が教団の思想に共鳴し、自分も教団に加わりたいと願ったが、どこに教団があるのか、誰が団員なのか、まったくわからなかった。いわゆる都市伝説のようなものだったのだ。しかし、世界の啓蒙と変革を目指す思想は近代の魔術的結社に大きな影響を与えた。その代表例がフリーメーソンや黄金の夜明け団などで、ここに薔薇十字団の思想が引きつがれたのだった。

サンジェルマン伯爵

Comte de Saint-Germain

国 フランス
生没年 不明
役職 魔術師、錬金術師

不死の人といわれた怪人物

フランスを中心に18世紀のヨーロッパで活躍。1758年、突然パリに現れると女性を若返らせる「生命の水」を持っていると噂になり、社交界で大人気に。錬金術の奥義を究めたと主張し、政治活動も盛んに行い、数々の陰謀に加担したとされる。死後も彼を目撃したという証言があとを絶たず、不老不死の伝説を持つ。フリーメーソンと関与するとも。

生命の水（不老不死の水）

サンジェルマン伯爵が所有していたという若返りの水。賢者の石を液化したものだという。賢者の石とは、黄金変成だけでなく不老不死や人間の霊性の完成など、錬金術の目的のすべてを達成してくれる万能の石のこと。彼は「生命の水」から長寿を得て、自分は4000歳だと公言した。

若返りの薬「生命の水」で一躍社交界の人気者に

今では錬金術というと胡散臭いイメージがつきまとうが、そうしたイメージに寄与した人物のひとりがサンジェルマン伯爵だろう。

彼が活躍した18世紀のヨーロッパは、啓蒙主義や合理主義が台頭した時代だった。そのため魔術の類は詐欺的なものとして排斥されつつあった。しかし相変わらず魔女裁判が行われており、民衆の多くは昔ながらの神秘的なことを信じていた。そこにつけ込み、錬金術師や魔術師を自称し大金をせしめる詐欺師が横行した。その代表格がサンジェルマン伯爵といえるだろう。

伝説によれば、サンジェルマン伯爵はもともとプロイセンの宮廷に仕えていたという。当時のプロイセン王フリードリヒ2世は、彼のことを「死なない男」と呼んだといわれている。1758年、突然パリに現れると、一躍フランス社交界で人気者となった。女性を若返らせる「生命の水」を持っていると噂になったからだ。ルイ15世の愛人であるポンパドール夫人も、「生命の水」を信じた人物のひとりだった。社交界の人々から絶大な人気と信頼を得たサンジェルマン伯爵は、ルイ15世の宮殿に出入りすることに成功した。

時を超越した不老不死は本当か？

彼の怪しげなエピソードはそれだけではない。賢者の石を液化した「生命の水」で長寿を得たため、自分は4000歳だと公言。ソロモン王［↓P158］を訪ねたシバの女王もその目で見たといい、紀元前の諸事件の思い出を語り、サロンの人々を驚嘆させた。また、錬金術の奥義もマスターしたと主張。さらに政治活動も盛んに行い、1762年にはロシアでエカテリーナ2世を即位させる陰謀に加担したという。人々は彼のことを「驚異の男」と呼んだ。

実際、サンジェルマン伯爵は少しも歳をとらないようだったといわれている。数十年ぶりに彼と再会した人物は、彼が昔と変わらず40歳くらいに見えたと言う。一説によれば、サンジェルマン伯爵は1784年に死去したとされる。ところが、フランス革命後の1789年パリに姿を現したなど、その後も彼を目撃したという証言はあとを絶たなかった。そのため、彼にまつわる噂は不老不死だけでなく、果てはタイムトラベラー説まで出まわっている。

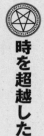

カリオストロ伯爵

Alessandro di Cagliostro

別名 アレッサンドロ・ディ・カリオストロ、ジュゼッペ・バルサモなど

国 イタリア
生没年 1743〜1795年
役職 錬金術師、医師、詐欺師

詐欺師か本物の魔術師か？　怪しすぎるペテン師的錬金術師

18世紀ヨーロッパで活躍したカリオストロ伯爵は、錬金術師、医師、そしてペテン師と、数多くの肩書きを持つ。もとはシチリア島（イタリア）の貧しい家庭のうまれといわれ、一説にはサンジェルマン伯爵［↓P186］の弟子だったともいわれている。

若い頃に地中海やオリエントを旅し、秘教の奥義を身につけたというカリオストロ伯爵。ナポリでロレンツァ・フェリシアニと結婚したあと、1776年にロンドンでフリーメーソンの会員になり、この頃から「伯爵」を名乗るようになったといわれる。また、エジプトの儀式に関する古文書を発見し、この文

書をもとに、エジプトの儀式をフリーメーソンに復活させたともいわれる。

　カリオストロ伯爵はヨーロッパ中を旅し、魔術や錬金術、降霊術を実演、胡散臭い商売を繰り返した。ストラスブールでは奇跡医として活動し、ワルシャワでは錬金術を見世物に。また不老不死の薬エリクシルの販売も行ったという。各国の社交界に潜り込んでは、錬金術で小粒の宝石を大粒のものに変えられると言い、金持ちから宝石を巻きあげることもあった。しかし、時にはインチキを暴かれることもあり、錬金術の公開実験の際に化学者に指摘され、失敗に終わることもあった。一方で貧しい人や恵まれない人を助けたともいわれ、民衆に絶大な人気を誇ったという。

　しかし1785年、有名な詐欺事件である「マリー・アントワネットの首飾り事件」の一味として、バスチーユ監獄に投獄された。無罪釈放されたあともフリーメーソンの団員であることが露見して異端審問官に捕まり、1795年にサン・レオ監獄で死亡した。

　小説『アルセーヌ・ルパン』シリーズの名作『カリオストロ伯爵夫人』では、彼の架空の娘が登場し、若きルパンと財宝をめぐって対決する。

Vlad III

ヴラド3世

別名 ヴラド・ツェペシュ（串刺し公）、悪魔公など

国 ルーマニア
生没年 1431年？〜1476年
役職 君主

ドラキュラのモデルになった非道ぶり

15世紀ルーマニアのワラキアの君主で、ホラー小説『吸血鬼ドラキュラ』などに登場するドラキュラ伯爵のモデルになった人物。捕えた敵兵を串刺しにして殺すことを好み、さらにその死体を敵に見せつけるという残忍さから、「串刺し公」「悪魔公」の異名を持つ。近年では、オスマン帝国の侵略から国を守った英雄として評価されつつある。

ドラキュラ

ヴラド３世の父親ヴラド２世は、神聖ローマ帝国からドラゴン騎士団の騎士に任じられていたため、竜公(ドラクル)と呼ばれていた。ヴラド３世は、その子「小竜公」という意味で「ドラクレア」と称していた。ドラクレアの英語読みがドラキュラであり、ドラキュラ伯爵の名のもととなった。ちなみに、ツェペシュはルーマニア語で「串刺し」を意味する。

使者にも容赦しなかった「串刺し公」

串刺し公の異名を持つヴラド3世は、ホラー小説『吸血鬼ドラキュラ』に登場するドラキュラ伯爵のモデルとして有名だ。現実のヴラド3世はもちろん吸血鬼ではないが、悪魔の所業に思えるほど残虐な行為の逸話が残っている。

1431年（1430年とも）、ワラキア公ヴラド2世の次男としてトランシルヴァニア地方にうまれたヴラド3世。ワラキア公国は西のハンガリーと断続的な交戦状態にあり、また南からはオスマン帝国の脅威にさらされていた。13歳の時オスマン帝国に敗れ、弟とともに人質に。この人質時代の時に英才教育を受け、また疑り深く、凶暴で狡猾な性格が培われたともいう。

敵が味方となり味方が敵となる複雑な政変をくぐり抜け、25歳でワラキア公の座に就くと、父や兄を裏切った領内の貴族たちを粛清。中央集権化を進め、強力な直轄軍を編成することで国力を高めていった。さらにオスマン帝国への貢納を拒否。貢納を求めるオスマン帝国の使者が帽子を取らないことに立腹し、帽子ごと頭に釘を打ちつけたとも、生きたまま串刺しにしたともいわれる。

串刺し死体の林が敵の戦意を喪失させる

ついにオスマン帝国のスルタン（＝国王）メフメト2世は、十数万もの兵力を動員してワラキアへ侵攻。しかし、ヴラド3世はゲリラ戦術と焦土作戦によってわずか1万の兵力で撃退してしまう。オスマン軍は何度も侵攻を繰り返し、ようやくワラキアの首都に入った。そこでメフメト2世は恐るべき光景を目にする。串刺しにされたオスマン兵があちこちに林立していたのだ。中世において串刺し刑はめずらしいものではなかったが、あまりの数の多さにメフメト2世は戦意を喪失。オスマン軍はワラキアから撤退したのだった。

小説『吸血鬼ドラキュラ』は、こうしたヴラド3世の残虐な行為の逸話と、ルーマニアなどに古くから伝わる吸血鬼《バンパイア》の伝承にインスピレーションを得て、アイルランドの小説家ブラム・ストーカーが執筆した。伝承によると、吸血鬼とは死後40日以内の死体に悪霊が入り込んで蘇った怪物で、夜中に墓から出てきて人の生き血を吸うのだという。国を守るためとはいえ、残虐に血を流しすぎたヴラド3世は、血を求める吸血鬼と結合したのだった。

エリザベート・バートリー

Elizabeth Báthory

別名 バートリ・エルジェーベトなど

国 ハンガリー
生没年 1560〜1614年
役職 貴族

「血の伯爵夫人」と呼ばれる連続殺人鬼

16世紀ハンガリーの名門貴族にうまれ、殺人を繰り返したことから「血の伯爵夫人」の異名を持つ女性。処女の血によって若さと美貌が保たれると迷信し、600人以上の女性を殺害したといわれる。拷問器具「鉄の処女」などを用い、残忍な方法で血を搾り取ったと伝わる。19世紀のホラー小説に登場する女吸血鬼カーミラのモデルになった。

鉄の処女(アイアン・メイデン)

エリザベートが女性たちの血を集めるために使った拷問器具。鉄でできた大きな裸の人形で、内部の空洞には無数の針が生えている。この空洞に人間を入れると、犠牲者は全身を刺されて息絶える。搾り取られた血は人形の内部から溝を伝い、エリザベートの浴槽に流れ込んだという。伝説的な機械で、実用したのかは謎に包まれたままである。

若さと美しさへの執着が狂気の第一歩に

600人以上の女性を殺害したとされるエリザベート・バートリー。彼女は16世紀のハンガリーに実在した貴族の女性で、その残虐性から歴史上でも名高い連続殺人者だ。ハンガリー貴族の中でも屈指の名門家にうまれたエリザベートは、幼い頃から感情の起伏が激しかったという。彼女の近親者には悪魔崇拝者や色情狂と噂された者もいたようで、これは一族の結束を強めるため近親婚を繰り返してきた影響だともいわれる。15歳で名門貴族のもとに嫁ぐが、夫は戦争のため留守にしがち。彼女の唯一の楽しみは、行動を厳しく監視する姑の目を逃れ、華やかに着飾ることだった。しかし4人目の子どもがうまれた頃に容姿の衰えを感じて以来、さまざまな美容法を試すようになった。

そんなある日、転機が訪れる。不始末をした侍女を平手打ちすると、はめていた指輪が侍女の頬を傷つけエリザベートの腕に血が飛び散った。血を拭き取ったエリザベートは、血がかかった部分だけ白く艶やかになっていることに気づく。「若い処女の血をもっと身体に塗れば、若さと美貌を保つことができるはず」――そう思い込んだ彼女は、処女の血に取り憑かれていった。

処女の血を浴びてサディストとして目覚める

彼女は周辺の村から女性たちを集めると、数々の残忍な手法でその血を絞り取るようになった。女性を縛りあげて身体中にカミソリをあてて血を絞り出したり、拷問器具「鉄の処女」の中に閉じ込め、流れ出す血を集めたりしたというのだ。一説には、血がまだ温かいうちに浴槽を血で満たし、その中に身を浸したと伝わる。エリザベートはサディストで、女性たちが苦しみもがく姿に快感まで覚えたともいわれる。

しかし貴族の子女にも被害が出たことに加え、監禁されていた娘のひとりが脱走したことでようやく悪事が露見。チェイテ城に入った役人たちは、残虐行為が行われた多くの死体と衰弱した若干の生存者を発見したのだった。エリザベートは名門貴族であるため死刑は免れたが、扉と窓を漆喰で塗り固めた真っ暗な部屋に幽閉。3年半ほど生きたあと、ひっそりと死んだという。血を執拗なまでに求めた狂気の姿は、まさに女吸血鬼そのものだといえるだろう。

ラ・ヴォワザン

La Voisin

別名 カトリーヌ・モンヴォワザンなど

国 フランス
生没年 不明
役職 魔女、毒薬製造・販売者

ルイ14世の愛人を黒魔術の世界に引き込んだ魔女

17世紀に暗躍したラ・ヴォワザンは、表向きは産婆業を営む女性であったが、裏で禁止されていた堕胎業や占いや毒薬・媚薬の製造販売を行うなどの荒稼ぎを行っていた魔女だった。ヴォワザンはこのほかにも、悪魔崇拝の儀式を行い、黒ミサにも精通していた。

17世紀後半のフランス王ルイ14世の治世下、黒ミサは貴族の間で流行し、司祭を雇って地下室で行うこともあった。このような中、ヴォワザンの裏の顔の評判が広まると、上流階級の貴族たちは身分を隠して彼女から媚薬や毒薬を買い求め、黒ミサを依頼するようになった。

その代表者が、ルイ14世の愛人モンテスパン夫人だ。ルイ14世に捨てられることを極度に恐れたモンテスパン夫人は、黒ミサでライバルを蹴落とすことをヴォワザンに依頼。黒ミサは計3回行われ、いずれも人間の赤ん坊が生贄とされた。赤ん坊の喉を掻き切ってその血を聖杯に注ぎ込み、「この生贄をどうかお受け取りください。この生贄と引き換えに、私の願いのすべてが成就するように」と悪魔に呼びかけたという。

しかし、ある占い師が毒殺の罪状で逮捕されると、彼女の自白によりヴォワザンも逮捕されることに。約100人もいた毒殺者グループの親分であることが判明し、逮捕後の彼女の家からは、なんと2千人もの堕胎された子どもの遺体が発見されたという。また壮絶な拷問の末に彼女の顧客も明らかになり、モンテスパン夫人の「黒ミサ事件」も発覚することとなった。

この取り調べのため、火刑裁判所という特別法廷が設置され、ヴォワザンはそこで最初の火刑者となった。彼女は決して赦しを乞おうとせず、最期まで堂々たる悪女ぶりだったという。そしてスキャンダルを恐れたルイ14世によって捜査は打ち切られ、モンテスパン夫人は王に疎まれ遠ざけられたのだった。

アビゲイル・ウィリアムズ

Abigail Williams

国 アメリカ
生没年 1680年～1697年?
役職 告発者、魔女

無垢な少女の告発が魔女狩りの狂気を呼び覚ます

アビゲイル・ウィリアムズは、17世紀のアメリカで起こったセイラム魔女事件のきっかけとなった少女だ。当時12歳の彼女の発言により、約150人もの無実の人々が魔女や魔術師として疑われ、逮捕、投獄されることになった。

アビゲイルは両親をアメリカ先住民の襲撃によって失い、叔父であり牧師のサミュエル・パリスと、その娘ベティとともにセイラムで暮らしていた。パリス家にはティトゥバという東カリブ海のバルバトス出身の奴隷がおり、アビゲイルとベティにうまれ故郷の話をして喜ばせた。その話の中に魔術や占いの話もあり、アビゲイルたちは次第にオカルトに傾倒していったようだ。

やがてアビゲイルは村の少女たちを巻き込んで、真夜中に降霊術の儀式を行うようになった。すると何かに取り憑かれたように発作を起こす者が続出した。少女たちは穴の中に潜り込んでは奇妙な音をたてたり、体をねじ曲げてのたうちまわったりしたという。驚いたパリス牧師が娘たちを医師に診せると、医師は医学的なものではなく、魔術的なものが原因だと診断。問い詰められたアビゲイルは、ティトゥバを含めた3人を魔女として告発した。

追い詰められたティトゥバは、自分は魔女であると自白。残りのふたりも共謀者であると証言した。その結果、ひとりは絞首刑、もうひとりは刑務所で死亡。その後もアビゲイルの告発は止まらなかった。セイラムや近隣の村にも急速に魔女狩りが広がり、1年の間に約150人もの人が投獄され、19人が絞首刑になり、ひとりが圧迫死した。

アビゲイルは多くの人を魔女として告発したが、魔女裁判で混乱する中、姿を消したという。一説には船でセイラムを去り、ボストンで売春婦になったともいわれている。少女たちが何かに取り憑かれたふりをしていたのか、それとも本当に取り憑かれ、村全体に狂気を呼び起こしたのかは知る由もない。

マシュー・ホプキンス

Matthew Hopkins

別名 魔女狩り将軍など

国 イングランド

生没年 1620～1647年

役職 弁護士

多くの魔女を捏造した「魔女狩り将軍」

フランスやドイツで魔女裁判が苛烈を極めた17世紀になると、魔女裁判の管轄は牧師が裁く教会裁判所から一般裁判所へ移され、刑事裁判とほぼ同様の手続きで審理を進めることになった。これを最悪の形で悪用したのが、イングランドの「魔女狩り将軍」と呼ばれたマシュー・ホプキンスだ。

17世紀半ば、清教徒革命まっただ中のイングランドで、弁護士だったホプキンスは混乱に乗じて「魔女狩り将軍」を自称。あたかも政府から任命されたかのように装いながらイングランド東部の村々を渡り歩き、各地で魔女裁判を行った。そして魔女発見の必要経費として、地元住民から手数料を徴収して荒稼ぎを行ったのだ。魔女に仕立てあげられたのは貧しく教養のない独り身の女性が多く、拷問にかけられ処刑された者は約300人ともいわれる。

この時代は魔女を取り調べる際、身体的拷問は禁じられていた。そのためホプキンスはトリックを用いて魔女を仕立てあげた。悪魔と契約を結んだ魔女には、その印として身体に「悪魔の印」があると信じられていた。その印からは血も出ず、痛みも感じないという。ホプキンスは大勢の人の前で魔女とされた女性から服をはぎ取り、身体中のあらゆる痣やシミ、ほくろなどに針を突き刺し、悪魔の印を探した。その際、針が引っ込む細工を施していたため、好きなタイミングで痛みも出血もない悪魔の印を示すことができたのだ。

こうしてホプキンスはわずか1年半の間に300人もの魔女を処刑し、魔女処分手数料を請求して莫大な富を得た。しかしあまりにやり過ぎたようで、ホプキンスを批判するパンフレットが出まわり、彼の「商売」は廃業を余儀なくされた。ホプキンスの最期は定かではないが、伝染病にかかって病死したとも、騙されたことに怒った群衆になぶり殺されたとも、彼自身が魔女（魔術師）とされて処刑されたとも伝わる。

プランシーの『地獄の辞典』より、ベルゼブブ配下の悪魔ウコバク。
『地獄の辞典』の中でも有名な挿絵のひとつ

主要参考文献

『悪魔と悪魔学の事典』　ローズマリ・エレン・グィリー著、金井美子ほか訳／原書房

『悪魔の事典』　フレッド・ゲティングズ著、大瀧啓裕訳／青土社

『地獄の辞典』　コラン・ド・プランシー著、床鍋剛彦訳／講談社

『聖書』　フェデリコ・バルバロ訳／講談社

『図解 魔術の歴史』　草野巧著／新紀元社

『図解 悪魔学』　草野巧著／新紀元社

『図説 魔女狩り』　黒川正剛著／河出書房新書

『図説 錬金術』　吉村正和著／河出書房新書

『世界の神話百科』　アーサー・コットレル著、松村一男・蔵持不三也・米原まり子訳／原書房

『世界の神々の事典』　松村一男監修／学研

『神の文化史事典』　松村一男・平藤喜久子・山田仁史編／白水社

『すぐわかるキリスト教絵画の見かた』　千足伸行監修／東京美術

かみゆ歴史編集部（中村蒐、滝沢弘康）
歴史関連の書籍や雑誌・デジタル媒体の編集・制作を行う。ジャンルは日本史全般、世界史、美術史、宗教・神話、観光ガイドなど。主な神話・宗教関連の編集制作物に、『日本の神様と神社の謎99』『ゼロからわかるギリシャ神話』『ゼロからわかるインド神話』『ゼロからわかるメソポタミア神話』『ゼロからわかる日本神話・伝説』（イースト・プレス）、『北欧・ケルトの神々と伝説の武器がわかる本』『ギリシャ・ローマの神々と伝説の武器がわかる本』（ともにKADOKAWA）、『日本の神社 完全名鑑』『写真と図解でよくわかる世界史×日本史』（ともに廣済堂出版）、『開運 日本の神社とご朱印』（英和出版社）、『マンガで教養 やさしい三国史』（朝日新聞出版）、『マンガ 面白いほどよくわかる！ 古事記』『マンガ 面白いほどよくわかる！ ギリシャ神話』（ともに西東社）などがある。

ゼロからわかる悪魔事典《あくまじてん》

2020年7月15日　初版第1刷発行

著者　かみゆ歴史編集部
表紙イラスト　竹村ケイ
本文執筆　安倍季実子、飯山恵美、稲泉知、岩崎紘子、さなださな、高宮サキ、野中直美
本文イラスト　麻緒乃助、輝竜 司、白藤与一、添田一平、竹村ケイ、中山将平、ハヤケン・サレナ、藤科遥市、まっつん！
編集協力　淺野光穂、重久直子
本文DTP　松井和彌
編集　岡田宇史
発行人　北畠夏影
発行所　株式会社イースト・プレス
〒101-0051
東京都千代田区神田神保町2-4-7　久月神田ビル
電話 03-5213-4700　FAX 03-5213-4701
https://www.eastpress.co.jp

印刷所　中央精版印刷株式会社

ISBN 978-4-7816-1906-4